Comment ne pas être un prof idéal

DU MÊME AUTEUR

Aux Éditions Payot :

Te laisse pas faire ! Aider son enfant face au harcèlement à l'école, 2014
Faites votre 180° ! Vous avez tout essayé. Et si vous tentiez l'inverse ?, 2015
Mon ado, ma bataille. Comment apaiser la relation avec nos adolescents, 2017
Comment ne pas être un prof idéal, 2018

Chez d'autres éditeurs :

Je me défends du harcèlement, Albin Michel, 2016
Le Harcèlement scolaire en 100 questions, Tallandier, 2017

EMMANUELLE PIQUET

Comment ne pas être un prof idéal

PAYOT

Retrouvez l'ensemble des parutions
des Éditions Payot & Rivages sur

payot-rivages.fr

À Françoise, qui m'éleva aussi.

À Aurélie Varot. À l'enthousiasme, l'intelligence, la créativité, que cette admirable enseignante met au service de tous les beaux projets que nous menons ensemble pour apaiser les souffrances en milieu scolaire. À notre amitié.

À la merveilleuse équipe du collège Saint-Exupéry de Mâcon qui m'a donné envie d'écrire ce livre. Comme dirait l'autre : « Je n'ai jamais vu de prof comme vous de toute ma carrière ! »

Aux professeurs de l'école Champgrenon dont j'aurais aimé que mes enfants soient les élèves.

INTRODUCTION

En commençant à écrire ce livre, je pense à vous, Fanny, Chloé, Lou, Léa, Éric, Nadine, Valérie, Magalie, Sylvie, Sandra, Véronique, Baptiste. Et je pense à tous ceux qui, comme vous, ont choisi ce métier, le plus beau du monde, vous avait-on dit.

Il y a vingt ans ou quelques mois à peine.

Comme on part à l'aventure.

Un peu inquiets, mais se raccrochant à un stock personnel d'images colorées : de classes enjouées, d'enfants ou d'adolescents « sauvés », de parents reconnaissants, de collègues solidaires et d'administrations facilitantes.

Et qui êtes passés de déconvenues en renoncements. Je pense à votre détresse, à la boule qui vous serre le ventre parfois le dimanche soir ou la veille de rentrée.

Je pense à cette impuissance honteuse qui vous saisit lorsque tout ne se passe pas comme on vous l'avait laissé entendre, vous qui pour beaucoup jusque-là, aviez été de très bons élèves. Je pense à cette colère et à cette autodéception dévastatrices certaines fois, et très difficiles à partager avec quiconque ne les éprouve pas au quotidien.

Parce que personne ne veut donner la main à Justin, cinq ans, et que, malgré tous vos efforts, toutes vos remontrances vis-à-vis des autres, il reste seul dans la cour de l'école et que vous êtes totalement désarmé devant sa tristesse.

Parce que Sara a encore été retrouvée en larmes dans les toilettes du collège et qu'elle ne veut rien vous dire, alors même que vous subodorez que c'est grave.

Parce que Gustave passe son temps à faire des grimaces et des cris d'animaux, que rien ne le calme et qu'il empêche les autres de se concentrer, ce que ne manquent pas de vous faire savoir plus ou moins subtilement les autres mamans.

Parce que la classe a encore écrit une insulte concernant votre physique sur le tableau pour vous faire craquer et qu'elle a réussi.

Parce qu'une mère d'élève a hurlé en réunion parents-profs que vous étiez tous des incapables et des lâches lorsque son fils s'est fait racketter.

Parce que votre conseiller pédagogique vous a dit qu'il fallait affirmer votre posture et que vous êtes incapable de comprendre ce que cela signifie concrètement.

Parce qu'en conseil de classe, un père délégué s'est montré très pessimiste sur le fait qu'avec tout ce chahut dont lui parle sa fille (l'une des responsables incontestées dudit brouhaha), vous soyez capable de terminer le programme, rapport au brevet.

Parce que lorsque vous vous êtes plaint des 4e 2, en indiquant en salle des profs que vous pensiez sérieusement à des modalités d'assassinat collectif, votre collègue de français, qui de façon énervante arbore systématiquement un sourire serein et légèrement méprisant, l'a agrandi en prononçant très distinctement ces mots : « Ah, c'est marrant, avec moi, ça se passe SUPER bien… »

Parce qu'au mariage de votre cousine, le mois dernier, lorsque vous avez dit qu'enseigner en moyenne section n'était pas un métier facile, vous avez clairement vu le regard ironique que plusieurs personnes ont échangé. Et vous avez décidé de vous taire en les maudissant *in petto*, prenant sans même vous en rendre compte un air extrêmement revêche. Ce qui contribuera sans doute à conforter leur point de vue selon lequel « les profs, franchement, toujours en train de se plaindre. Quand tu regardes pourtant leur nombre de jours de vacances… ».

Parce qu'en tombant à nouveau et par hasard sur le clip contre le harcèlement scolaire commandé par l'ancienne ministre de l'Éducation nationale qui met en scène une prof acariâtre à chignon, dont la craie grince sur un tableau noir des années cinquante, et qui rappelle à l'ordre injustement un enfant roux (évidemment roux) et harcelé, vous vous êtes demandé dans quelle estime pouvaient bien vous tenir ceux-là mêmes qui étaient censés vous aider à gérer votre quotidien.

Personne ne vous avait dit que ce seraient les relations qui vous feraient le plus souffrir dans ce contexte rempli d'enjeux contradictoires et d'émotions intenses, et que la pédagogie, bien qu'essentielle, parfois ne suffirait pas.

Pourtant, s'il y a bien un territoire où de nombreuses relations, toutes potentiellement problématiques s'entrecroisent, c'est bien celui de l'Éducation nationale.

Face à ces interactions dysfonctionnelles, peu de solutions relationnelles apaisantes vous ont été proposées, pendant votre formation ou au cours de votre carrière. Alors, à force de mettre en place des actions improductives et parfois même aggravantes, qui consistent finalement trop souvent à courir dans une roue, comme des hamsters épuisés, certains d'entre vous ont renoncé et ne sont même plus en capacité d'envisager de reprendre leur métier… qu'ils avaient pourtant choisi.

C'est cette souffrance de certains qui m'a poussée à écrire ce livre, même si je sais qu'une grande partie des enseignants va bien[1].

---

1. Il est cependant utile d'avoir à l'esprit que, selon un rapport du Sénat de 2016, le nombre de démissions d'enseignants a augmenté de 50 % en collège-lycée entre 2012 et 2016. Il a quasiment doublé en maternelle-élémentaire sur la même période.

J'ai la chance depuis plus de dix ans d'accompagner certains d'entre vous, individuellement et collectivement. En formation, en supervision de la pratique, en thérapie. Convaincue *a priori* de l'intérêt des outils issus de l'École de Palo Alto, c'est à ces occasions que j'en ai mesuré concrètement l'incroyable efficacité au sein des territoires de l'Éducation nationale ; parce que vous les avez mis en œuvre avec rigueur et parfois avec courage contre l'avis, ou au moins les principes, d'une bonne partie de votre environnement. Vous l'avez fait parce que vous aviez l'impression d'être dans une impasse, parce que les solutions qui fonctionnaient jusqu'à présent étaient devenues inopérantes, parce que votre mal-être allait grandissant, sans autre embellie espérée que le soulagement temporaire éprouvé à l'idée des week-ends et des vacances.

Je trouve donc dommage que l'on en prive les équipes éducatives françaises.

Dommage pour leur bien-être d'abord. Car comme de nombreux chercheurs l'ont montré : « Ce ne sont pas uniquement les comportements perturbateurs des élèves qui ont une influence sur l'épuisement émotionnel de l'enseignant, mais également les stratégies mises en place pour les contenir[1]. » Logique puisque très

1. P. A. Genoud, F. Brodard, M. Reicherts, « Facteurs de stress et burn-out chez les enseignants de l'école primaire », *Revue originale de psychologie appliquée*, 59, 1, 2009.

souvent elles sont inefficaces et décuplent donc votre sentiment d'impuissance.

Dommage pour celui des élèves ensuite, qui, à l'instar de ce qui se passe vis-à-vis de leurs parents, aiment par-dessus tout les profs heureux d'être là, avec eux, et le prouvent dans leurs apprentissages.

Chaque situation relationnelle problématique est évidemment unique et les solutions à y apporter sont donc très spécifiques. Elles doivent tenir compte du contexte particulier, du climat général de l'établissement, des relations avec la classe, avec les parents d'élèves et vos collègues.

Elles sont également très dépendantes de l'état dans lequel vous vous trouvez vous-même, de la durée du problème, de tout ce que vous avez déjà mis en œuvre pour le résoudre.

Elles doivent enfin être en adéquation avec votre personnalité, votre vision du monde pour que vous ayez envie de les mettre en œuvre, même si elles constituent très souvent un virage à 180° par rapport à ce que vous avez déjà tenté d'appliquer et qui non seulement n'a pas fonctionné, mais bien plus parfois, a visiblement aggravé les choses.

Or, il est toujours compliqué de renoncer à ce que l'on fait depuis longtemps, même si c'est improductif.

Il ne s'agit donc pas d'un livre mode d'emploi, mais bien plutôt d'une liste de situations problématiques vécues, pour lesquelles mon équipe et moi avons cherché des solutions. Vous pourrez aller y piocher des idées si jamais, pour vous aussi, enseigner devient souffrance.

Évidemment, tout ne peut pas se régler avec ces outils puisque, par essence, ils visent uniquement à apaiser les souffrances relationnelles ; simplement, insérer un peu de souplesse dans des situations très rigidifiées peut parfois donner un peu d'oxygène.

Et le monde de l'Éducation nationale est un territoire où tout le monde en a besoin.

Vous y trouverez aussi des exemples d'échecs, parce que sinon, je vous connais, vous m'expliqueriez que ce n'est pas aussi simple que cela…

PREMIÈRE PARTIE

Ces injonctions qui paralysent

La mission d'enseigner aujourd'hui en France est à la croisée d'un certain nombre d'injonctions qui peuvent sembler de bon sens et salutaires, et qui pourtant donnent lieu parfois à l'impossibilité même d'exercer ce métier. Il est essentiel que vous en ayez conscience pour tenter de les assouplir.

Par ailleurs, lorsqu'on est le réceptacle de façon très intense et répétée de certaines injonctions rigides de la part de tous (sur un métier à propos duquel tout le monde ou presque a un avis très précis et finalement assez homogène), le risque est fort de les ingérer comme des croyances qui deviennent ensuite impossibles à dépasser. Croyances qui poussent certains d'entre vous à s'exhorter plusieurs fois par jour à répondre favorablement à des exigences par définition illusoires, et à vous épuiser dans des combats internes stériles, voire destructeurs.

Le simple fait de vous autoriser à formuler, dans des contextes donnés, un certain nombre d'aveux d'impuissance serait, de mon point de vue, un premier pas vers l'apaisement.

1.
Chaque élève est différent, à vous de vous y adapter

Cette injonction est de plus en plus insistante, et ce, dès le début de la primaire. Nous sommes une société qui pathologise puissamment ses enfants, et sous la pression d'un certain nombre, les difficultés d'apprentissage quelles qu'elles soient, sont de plus en plus considérées comme des handicaps.

Une inquiétante épidémie

Les diagnostics se développent, souvent multiples : les différentes formes de « dys » (les dyscalculie développementale et dysorthographie trans-attentionnelle étant mes préférées), les troubles de l'attention avec ou sans hyperactivité et l'hypersensibilité des enfants intellectuellement précoces sont actuellement les plus prégnants.

Les autoproclamés experts en diagnostics de tout poil ne semblent pas être sensibles au fait que ces derniers ne sont pas psychodégradables et qu'on n'interagit pas de la même façon avec un enfant considéré par tout le monde comme handicapé qu'avec un autre.

Évidemment, cela laisse des traces. Chez lui et dans sa façon d'être au monde.

Des crises de colère à la timidité, en passant par la détestation des devoirs et le fait de ne pas être invité à suffisamment d'anniversaires, tout est scruté, observé, disséqué et analysé par rapport à une norme de plus en plus étroite qui fait que le nombre d'enfants malades (et handicapés) en Occident a explosé en dix ans, tout comme des millions d'homosexuels ont été miraculeusement guéris lors de la disparition de cette « pathologie psychiatrique » de la Classification internationale des maladies (CIM) de l'OMS en 1992 en France.

Conséquemment, il est demandé aux établissements, et de façon plus incarnée aux enseignants, de bien vouloir s'adapter à ces enfants différents. (Différents de quoi, telle est la question qui souvent me taraude, car je ne sais pas ce que serait un enfant non différent, même si sa seule évocation me fait trembler.)

Décloisonnement, PAP, PPS, suivi individuel, barèmes adaptés, tuteur spécifique, mesures éducatives, AVS, ordinateur autorisé, cours présentés de façon particulière, demandes de dérogation en tout genre, la batterie de traitements de la différence est pléthorique et il est donc demandé aux profs de s'en saisir avec finesse et discernement.

Loin de moi l'idée de nier l'existence des troubles impactant l'apprentissage, les fameux TSA, TED ou TCC[1], ce qui serait évidemment criminel. Loin de moi également l'idée de nier le bienfait d'un certain nombre de dispositifs adaptés dans de nombreux cas.

Mais il serait tout aussi criminel de nier le fait qu'il existe un sérieux surdiagnostic depuis une dizaine d'années qui n'est, contrairement à ce que nous assènent certaines associations, bon ni pour les enfants ni pour les enseignants parce qu'il laisse prospérer deux contre-vérités qui peuvent s'avérer génératrices de souffrances de part et d'autre (en plus de l'explosion de la prescription de Ritaline pour apaiser les troubles de l'attention qui entraîne, on le sait aujourd'hui, d'énormes effets indésirables) :

- Une première contre-vérité est énoncée aux enfants en difficulté : « Ne t'inquiète pas, le monde va toujours s'adapter à toi, comme le fait aujourd'hui l'école. »

C'est faux. Ce sera un jour ou l'autre à lui de s'adapter au monde et nous ne l'y aurons donc pas correctement préparé. Ce qui, finalement, n'est pas très protecteur de la part d'adultes qui pourtant aspirent à l'être, en se battant contre les méchants

1. Voir, page 247, un petit glossaire des abréviations en milieu scolaire.

établissements scolaires qui ne s'adaptent pas assez aux différences des enfants.

- Une deuxième assénée aux enseignants que vous êtes et qui est : « Il est parfaitement possible de différencier très finement votre enseignement, comme le demandent les parents concernés, et en même temps de faire réussir le plus grand nombre, comme l'exige votre mission. » Qui peut donc imaginer que ce grand écart soit possible ? Comment un enseignant peut-il répondre à cette injonction sans faire un burn-out ? Comment adapter son quotidien aux trois hyperactifs du premier rang, dont l'un a en plus un déficit de l'attention, aux deux dyscalculiques du fond, à l'EIP qui s'ennuie, aux deux dyspraxiques qui ont des problèmes de graphie, aux quatre hypersensibles qui sont tellement à fleur de peau, à ceux qui sont atteints du trouble de la planification (!) tout en répondant aux exigences programmatiques globales ? Une fois de plus, vous êtes victime d'une injonction paradoxale : soit vous tentez l'impossible et vous n'y parvenez pas, vous vous retrouvez en échec ; soit vous y renoncez et vous êtes *de facto* en échec.

Bien évidemment, ceux qui seront le plus en souffrance sont ceux d'entre vous qui auront tenté vainement, parfois pendant des années, de se conformer à cette étrange double contrainte.

Pas facile d'être un zèbre

Pour illustrer les possibles conséquences de la première contre-vérité à moyen terme, voici l'histoire de Lou, zèbre[1], et également chef de produit dans une PME parisienne. Elle a les yeux rougis lorsqu'elle m'explique que la situation est très compliquée avec ses collègues. Lorsque je lui demande depuis quand c'est difficile, elle répond depuis trois mois, plus précisément depuis qu'elle leur a annoncé qu'elle était intellectuellement précoce, zèbre pour les intimes.

– Je leur ai dit que, parfois, ça allait très vite dans mon cerveau et qu'il ne fallait pas qu'ils s'inquiètent s'ils n'arrivaient pas à me suivre en réunion, qu'ils n'hésitent pas à me dire de ralentir pour revenir à leur rythme.

– Ah. Leur avez-vous dit d'autres choses ? lui demandé-je atterrée.

– Oui, que, comme tous les zèbres, j'étais hypersensible et qu'il fallait essayer d'être sympa avec moi parce que je pleurais facilement.

– Et ? demandé-je en crispant involontairement les épaules, craignant le pire.

1. En référence au livre Tiana, *Je suis un zèbre*, Payot, 2015.

– Eh bien, depuis, quand j'arrive à la machine à café, tout le monde s'arrête de parler ou s'en va et j'ai cru comprendre que j'avais un surnom.

– Oui, cela me paraît plausible en effet, cette histoire de surnom. Voyez-vous, Lou, je puis vous assurer d'une chose : si jamais je connaissais une entreprise qui ne recrute que des zèbres, je leur ferais passer immédiatement votre CV pour que vous n'ayez plus à subir ce genre de déconvenues. Mais, malheureusement, je crois que ça n'existe pas (encore). Donc, il va falloir vous habituer à travailler avec des gens moyens, bien plus médiocres que vous. Des gens comme moi, par exemple. Je sais que c'est compliqué, d'autant plus que la majorité des médiocres n'aiment pas trop les zèbres, évidemment, ça les complexe. Je pense donc que c'est une erreur que de vous être ainsi dévoilée. Et je pense qu'il est urgent que nous cachions vos rayures si vous voulez rétablir des relations moins hostiles avec vos collègues.

– Cacher mes rayures, c'est-à-dire ?

– Si nous voulons rétablir l'équilibre par rapport à ce qui se passe depuis trois mois, il va falloir taper assez fort. Je suggère que vous disiez une phrase un peu idiote par jour.

– Oh là là…

– Oui, je sais, vous n'en connaissez pas beaucoup, mais moi en revanche, j'ai tout un stock de phrases sans intérêt, je vais vous en prêter. Vous pourriez par exemple dire : « On n'a pas eu d'hiver, mais on n'a pas de printemps non plus, ha, ha, ha. » Le rire, un peu niais, est très important, Lou, à la fin, pour parfaire l'ensemble.

Lou sourit.

– Ce n'est pas très gentil de vous moquer de moi comme ça. Ce que vous voulez dire, c'est qu'il ne faut vraiment plus que j'en parle, c'est ça ? Ce n'est pas quelque chose à mettre en avant si je veux que cela se passe bien avec les autres, c'est bien ça ?

– Oui, exactement. Parce qu'en plus, vous n'êtes pas qu'un zèbre, Lou, cela ne vous définit pas, c'est beaucoup trop réducteur. Donc, si vous pouviez dire un jour ou l'autre, en passant, que, finalement, ces diagnostics, c'est très surfait et que ça ne sert pas à grand-chose, ce serait pas mal.

Parce que je crois que le monde de l'entreprise ne s'adaptera pas à votre spécificité ; soit vous tentez de l'y forcer, mais, à mon avis, vous y perdrez des plumes, c'est ce qui est en train de se passer, soit vous vous servez précisément de cette intelligence qui est la vôtre pour faire semblant de vous adapter à des gens qui ne sont pas comme vous.

Voici, transposé dans l'entreprise, avec un diagnostic qui est très loin d'être le plus handicapant, ce que peut donner cette croyance que l'environnement s'adaptera à la différence de chacun. Cela peut créer des incompréhensions, des frustrations et, au fil du temps, même des souffrances difficiles à faire passer.

La tristesse des albatros

À l'école, au collège et parfois même au lycée, je rencontre de ces fameux enfants diagnostiqués intellectuellement précoces, à qui leurs parents, en toute bonne foi, ont expliqué qu'ils étaient différents parce que précoces et qui, pour certains, se sont conformés au diagnostic, en ayant parfois une attitude maladroitement hautaine, vis-à-vis des autres élèves et aussi de leurs enseignants (heureusement, il ne s'agit que d'une minorité, mais elle existe et, contrairement à ce que l'on peut en percevoir superficiellement, souffre).

Comme ce collégien de cinquième, très isolé et en souffrance, qui me dit assez rapidement dans la conversation : « Comment veux-tu que ça se passe bien avec un prof d'histoire-géo qui fait une faute d'orthographe toutes les trois phrases ? »

Je vous laisse apprécier ce que le jeune homme devait générer comme sympathie immédiate chez votre collègue ainsi incriminée.

À ces enfants, souvent on a dit, implicitement ou pas : « Si les autres ne t'aiment pas, c'est que tu leur es supérieur, c'est qu'ils sont jaloux. » Alors ils se résignent à endosser le vêtement (un peu grand) qu'on a taillé pour eux et sont de plus en plus hautains, de plus en plus isolés, sans que rien ne leur soit proposé pour les aider à interagir différemment.

Alors qu'évidemment cette arrogance est plus une armure qu'un habit de fête.

À ceux qui viennent me voir parce que le diagnostic de précocité les a poussés dans des interactions qui les font crever d'ennui et de solitude, je lis « L'Albatros » de Baudelaire :

Souvent, pour s'amuser, les hommes d'équipage
Prennent des albatros, vastes oiseaux des mers,
Qui suivent, indolents compagnons de voyage,
Le navire glissant sur les gouffres amers.

À peine les ont-ils déposés sur les planches,
Que ces rois de l'azur, maladroits et honteux,
Laissent piteusement leurs grandes ailes blanches
Comme des avirons traîner à côté d'eux.

Ce voyageur ailé, comme il est gauche et veule !
Lui, naguère si beau, qu'il est comique et laid !
L'un agace son bec avec un brûle-gueule,
L'autre mime, en boitant, l'infirme qui volait !

Le Poète est semblable au prince des nuées
Qui hante la tempête et se rit de l'archer ;
Exilé sur le sol au milieu des huées,
Ses ailes de géant l'empêchent de marcher.

J'insiste sur le dernier vers et les mets face à une douloureuse alternative :

Soit tu restes dans les cieux, comme un prince des nuées et chaque fois que tu redescendras, les autres seront hostiles et agressifs ; soit tu décides de rogner un peu tes ailes, pour qu'elles ne t'empêchent plus de marcher, parce que tu as décidé de rester sur terre. Le choix est difficile et il n'y a que toi qui peux le faire.

La question suivante m'est alors fréquemment posée par ces petits albatros :

– Ça fait mal, de rogner ses ailes ?

– Oui, leur réponds-je, un peu. Ça veut dire se mettre au niveau des autres, et ça demande beaucoup de souplesse et d'intelligence.

Et j'observe que bon nombre d'enfants qui auraient pu être diagnostiqués IP et ne l'ont pas été ne souffrent que très rarement de ce type de difficultés relationnelles.

Étonnamment.

Un bon prof s'adapte à chacun et à tous

Pour illustrer les conséquences possiblement néfastes de cette injonction tirée de la consigne nationale « Chaque enfant est différent, vous devez vous y adapter », voici l'histoire de Laurence.

L'une de mes étudiantes, Marie, brillante thérapeute, reçoit un jour cette jeune enseignante, en arrêt-maladie depuis deux mois, qui lui avoue que plus le temps passe et moins elle se sent capable ne serait-ce que d'envisager reprendre les cours, même à la rentrée prochaine, soit plusieurs semaines plus tard.

– J'avais une classe très spécifique cette année avec pas mal d'enfants atteints de troubles de l'apprentissage. J'avais vraiment décidé de tenir compte des recommandations des orthophonistes, des neuropsys, des ergothérapeutes, des pédopsys, enfin de tous les spécialistes qui nous donnent des pistes pour que les enfants les plus en difficulté réussissent mieux. C'est ce que j'avais dit à tous les parents en réunion de rentrée, donc j'ai tout fait pour tenir mon engagement vis-à-vis des élèves les plus en difficulté.

– C'est tout à votre honneur, avait répondu Marie, mais cela doit être incroyablement complexe à mettre en place ?

– Oui, parce qu'ils sont de plus en plus nombreux. Cette année, on a eu des recommandations pour 11 sur 23. Heureusement, certaines étaient gérables sans trop d'aménagements, c'est pour ça que je me suis dit que ce serait possible. Parce que je pense vraiment qu'un bon enseignant doit s'adapter à chacun de ses élèves, j'ai vraiment essayé, et c'est vrai qu'il y en a certains, lorsqu'on est beaucoup plus derrière, qui se mettent un peu au travail. Mais le problème, c'est le reste de la classe. C'est dur à gérer, parce qu'il faut bien s'occuper de tout le monde, sinon, c'est injuste évidemment. Pourtant, j'avais une super-AVS, mais...

Marie tend sa boîte de Kleenex à Laurence parce qu'elle a éclaté en sanglots.

– Que s'est-il passé ? demande Marie.

– Ethan était un des enfants en difficulté, il est TDA/H et dyspraxique. Il est sous Ritaline, mais je ne trouve pas que ça fasse grand effet.

En tout cas, ses parents avaient insisté sur le fait qu'en plus des médicaments la pédopsychiatre avait recommandé un suivi particulier pour canaliser son attention parce que, sinon, il ne serait pas capable d'apprendre.

Alors, j'ai mis en place des espèces de stratagèmes :

- Je le prenais avec moi pendant les temps collectifs pour qu'il ne coure pas partout et je lui tapotais sur l'épaule dès que je sentais qu'il commençait à se dissiper, c'est un contrat qu'on avait entre nous, mais, à la fin, je devais le faire toutes les cinq secondes, ça ne fonctionnait plus, il essayait de plus en plus de me filer entre les doigts et je sentais que je m'énervais et ça, c'est vraiment ce que je voulais éviter à tout prix, la bienveillance pour moi, c'est essentiel ; j'essayais donc de rester calme, mais, à la fin, c'était trop dur et je lui ai parfois crié dessus.

- Je restais près de lui au début de chaque exercice et de chaque évaluation pour stimuler sa mise au travail, mais, au fil du temps, il fallait que je reste à chaque fois plus longtemps avant qu'il décide de s'y mettre et ça aussi, ça m'énervait, j'avais comme l'impression qu'il le faisait un peu exprès, alors qu'il n'a que 8 ans ! Du coup, je m'en voulais de ne pas être plus patiente.
- J'ai mis en place un temps spécial à la fin de chaque journée pour lui dire ce que j'avais trouvé de bien et ce qui n'allait pas, mais j'avais de plus en plus de difficultés à trouver du positif et de toute façon, à la fin, il ne m'écoutait plus du tout, je n'arrivais même pas à ce qu'il me regarde dans les yeux, même en le prenant par les joues, il se débattait pour ne pas me regarder.
- Avec les parents, nous avions décidé de nous voir tous les vendredis pour faire un point et à la fin, tous les jeudis soir, j'avais une espèce d'angoisse affreuse à l'idée de ce que j'allais pouvoir leur dire, parce que je voyais bien qu'ils n'étaient pas satisfaits. J'avais vraiment la sensation de m'enliser de plus en plus et surtout, ce qui était horrible, c'est que j'avais l'impression d'avoir de moins en moins d'affection pour lui. Enfin, ce n'était pas une impression, c'était vrai et de son côté aussi, évidemment. La

dernière fois que je les ai vus, le père m'a dit les larmes aux yeux : on vous faisait vraiment confiance, mais, finalement, vous n'avez rien fait pour vous adapter à lui. Pour ne pas m'énerver, j'ai répondu que je ne pouvais pas faire plus, mais j'ai vraiment eu un sentiment d'échec et d'injustice très fort.

C'est à ce moment-là que d'autres parents se sont plaints, d'abord auprès de l'AVS en disant qu'il n'y en avait que pour les enfants très en difficulté et que le reste des enfants était un peu abandonné. Elle a répondu que si nous nous concentrions sur les élèves particulièrement en difficulté, on n'en oubliait pas les autres pour autant, mais cela n'a pas calmé leur colère et ils ont demandé à voir la directrice.

Laurence respire à fond pour éviter de se remettre à pleurer, mais l'évocation de la réunion qui a eu lieu ce jour-là lui est visiblement très douloureuse.

– Il y avait deux mamans d'élèves et la directrice et elles ont commencé à rappeler la devise de l'école « Accompagner chacun sur son chemin ». Elles ont précisé comme si j'étais débile : « Dans cette phrase, il y a chacun, Madame. » Sans plus s'adresser directement à moi, elles ont expliqué à la directrice que leurs enfants se plaignaient du fait que la maîtresse était tout le temps en train de s'occuper des élèves en difficulté et surtout d'Ethan (elles ont pointé le fait que les meilleures places devant le tableau étaient réservées aux TSA et aux TED et qu'on les refusait à ceux qui avaient des problèmes de vue), qu'elle n'avait plus de temps pour les autres, que très souvent le groupe s'arrêtait parce que les TDA/H s'enfuyaient et que la maîtresse devait leur courir après, que depuis qu'on avait autorisé la subvocalisation (lecture murmurée) aux dyslexiques et aux dysorthographiques, il était très difficile de se concentrer en lecture, et que, d'une manière générale, les enfants se plaignaient du fait qu'il y avait de plus en plus de bruit dans la classe et que la maîtresse criait plus qu'avant. D'ailleurs, lorsqu'elles en avaient parlé à Adèle, l'AVS, cette dernière avait confirmé que l'ambiance n'était pas très bonne ces derniers temps.

J'étais absolument sidérée, incapable de répondre quoi que ce soit, parce que je trouvais qu'elles avaient parfaitement raison et, en même temps, je me sentais victime d'une injustice terrible. C'était affreux comme sensation. Tous les arguments qui me venaient étaient immédiatement dissous par ce qu'elles venaient de dire et je me sentais vraiment nulle.

Ma directrice a vu que j'étais totalement désemparée et elle a simplement dit aux deux mères d'élèves : « La seule chose que je ne tolérerai pas, c'est que vous mettiez en doute l'extrême implication de Laurence. » Heureusement, sinon je me serais écroulée devant elles.

Le lendemain, j'étais incapable de me lever physiquement. J'étais tellement mal que mon mari a cru que je faisais un arrêt cardiaque, je n'arrivais plus à respirer, il m'a emmenée aux urgences et c'est là qu'ils ont parlé de burn-out.

– Oui, c'est parfaitement logique. Cette sensation d'injustice horrible, et surtout l'incapacité d'y remédier, en tout cas à ce moment précis, a dû créer comme une espèce de stress posttraumatique. Pour être sûre de bien vous aider à atteindre l'objectif que vous vous êtes fixé en venant me voir, j'ai une question importante à vous poser maintenant, Laurence : « Qu'est-ce qui vous fera dire d'ici à deux mois : j'ai bien fait d'aller en thérapie ? » demande Marie.

– Que je me sente capable de reprendre le travail. Parce que là, rien que le fait d'y penser, j'en ai la nausée.

– Mais j'ai bien peur que si vous y retournez sans changer radicalement un certain nombre de choses, répond Marie, vous recommenciez à faire plus de la même chose et vous vous retrouviez, beaucoup plus vite cette fois, paralysée dans votre lit un matin.

Avant toute chose, et pour l'instant, il est urgent de ne pas reprendre parce que votre tête (typique d'une bonne élève courageuse et consciencieuse) vous enjoint d'y aller, mais votre corps sait ce qui l'attend et donc, il bloque, car il veut vous protéger. Donc chaque fois que vous vous exhortez à y aller avec votre tête, vous vous battez avec votre corps, c'est ce qui fait que vous êtes tellement épuisée.

C'est un peu comme si vous étiez un voilier qui vient d'essuyer un terrible orage. Vos voiles sont déchirées, vos mâts sont brisés, l'équipage est exsangue et vous me dites : je dois repartir aux États-Unis. Ça n'est pas possible. Ce que je vous propose dans un premier temps, c'est que nous rentrions au port et que nous réparions toute l'embarcation. Je vais vous donner des exercices pour cela, pour accueillir votre tristesse et votre culpabilité.

Mais je pense qu'il est surtout essentiel à ce moment de votre carrière, et même de votre vie, que vous vous posiez une question absolument douloureuse, et à laquelle vous ne pourrez d'ailleurs pas répondre tout de suite :

« *Si vous étiez sûre, sans l'ombre d'un doute, que quoi que vous fassiez, quoi que vous mettiez en œuvre, vous ne parviendrez jamais à être une enseignante idéale,* c'est-à-dire *capable de s'adapter à la fois à chacun et à tous, que feriez-vous de votre vie ?* »

Laurence est restée longtemps silencieuse, avec un air infiniment triste, puis elle a répondu : « Je vais y réfléchir, même si je trouve que c'est une question horrible. »

Ce qui était déjà, du point de vue de Marie, une première victoire.

– En plus de cette question que je vais vous inviter à vous poser une fois par jour pendant quelques minutes seulement, sans trop y réfléchir, en la laissant simplement faire son effet à l'intérieur de vous, nous allons donc nous occuper de ce voilier à moitié brisé.

Paradoxalement, plus vous tentez d'oublier ce qui s'est passé, de positiver, de vous exhorter à penser à autre chose, plus vous empêchez la réparation pourtant vitale de votre bateau.

Je vous propose donc de prendre quinze minutes par jour et de dérouler, étape après étape, l'histoire de la terrible injustice qui vous a été faite, en consacrant un quart d'heure à chaque chapitre.

On pourrait intituler ce roman : « Tout ça pour ça, ou chronique d'un désastre pédagogique annoncé. »

Vous pouvez commencer par votre décision en début d'année de vous adapter à tous et à chacun, et l'annonce que vous en avez faite lors de la première réunion de parents ; le deuxième chapitre pourrait être celui de l'entretien avec les parents d'Ethan où vous vous êtes engagée en toute bonne foi à vous adapter spécifiquement à son TDA/H ; ensuite, ce pourrait être un chapitre où vous décrivez tout ce que vous avez mis en place pour honorer votre engagement, en vain ; puis la réunion avec les mères d'élèves ; enfin l'hôpital et votre quotidien aujourd'hui. À chaque chapitre, il est important que vous accueilliez votre tristesse, que vous pleuriez si vous en avez besoin, que vous vous arrachiez les cheveux si nécessaire. Mais aussi que vous disiez à cette Laurence d'il y a quelques mois, qu'à ce moment précis, elle a fait comme elle pouvait, comme elle pensait bien faire, avec toute son immense bienveillance et son trop grand courage.

Laurence éclate en sanglots.

– Merci de me dire ça, je me sens tellement nulle.

– C'est normal de se sentir nulle quand on a échoué par rapport à un objectif qu'on s'était fixé ; sauf évidemment, quand il est inatteignable, sourit Marie.

La violence des buts conscients

Nous appelons cette volonté farouche d'atteindre un objectif coûte que coûte (et quels que soient tous les feed-back de l'environnement qui vous hurlent que vous n'y parviendrez pas) et le fait d'y consacrer l'entièreté de votre énergie vitale, à tel point qu'il envahit tout votre quotidien, un « but conscient[1] ». Le but conscient est différent de l'objectif en ce sens que, pour ce dernier, on est capable d'envisager qu'il n'advienne pas, ce qui génère une certaine souplesse.

La caractéristique principale des buts conscients, c'est précisément qu'ils empêchent ceux qui en subissent la pression d'envisager qu'ils puissent ne pas advenir. Ce qui crée d'immenses rigidités, porteuses d'autant de souffrances.

L'une des stratégies de la thérapie brève consiste donc à amener la personne qui s'automalmène ainsi à envisager au contraire que son but conscient n'advienne pas, en lui posant une question qui d'une certaine façon l'en débranche. Question douloureuse, mais très apaisante à terme parce qu'elle signifie, lorsqu'elle est bien posée, la fin d'un combat stérile et douloureux.

Ici, le but conscient de Laurence est d'être une bonne enseignante, c'est-à-dire de s'adapter à chacun et à tous, puisque c'est la définition qu'elle en a retenue.

Les buts conscients les plus enracinés et donc les plus dévastateurs chez les enseignants sont au fond les plus invisibles à l'œil nu au sens

1. Pour une explication exhaustive et passionnante de ce concept cher à Bateson, voir Dany Gerbinet, *Le Thérapeute et le Philosophe*, Paris, Enrick B., 2017.

où tout l'entourage professionnel et personnel les valide comme étant parfaitement viables :

Qui pourrait reprocher à Laurence de vouloir s'adapter à tous et à chacun ? C'est bien pour ça qu'elle est payée, finalement, à se battre pour parvenir à cet échec programmé, qui sera d'autant plus massif qu'elle y aura mis toute son énergie.

Si Marie ne lui pose pas cette question qui présente l'intérêt profondément thérapeutique de la débrancher de ce but inatteignable, il est clair que Laurence tentera de reprendre son travail avec cette même volonté stérile et dangereuse.

Et soit son corps le lui interdira et elle restera en arrêt-maladie jusqu'à ce qu'elle change de voie.

Soit elle y retournera et recraquera.

Paradoxe encore plus cruel, comme Laurence l'explique très bien elle-même, ce combat destructeur pour elle n'a été bénéfique à aucun de ses élèves, donc ni à chacun, ni à tous et peut-être même encore moins à Ethan qu'aux autres puisque ce traitement spécifique semble l'avoir encore plus démobilisé. Ce qui est le propre d'un but conscient : il provoque exactement l'inverse de ce qu'il vise.

Et vous êtes, en tant qu'enseignants saisis par infiniment plus de buts conscients que les autres professions :

- ma classe doit être absolument silencieuse ;
- tous les élèves doivent me respecter ;
- je dois absolument finir le programme ;
- je dois être apprécié-e par tous mes élèves ;
- ça doit bien se passer avec les parents d'élèves,

en sont quelques exemples qui montrent à quel point cela peut rigidifier votre quotidien.

En entreprise, rares sont les cadres qui se disent :

- mon équipe doit être à 100 % motivée ;
- tous mes clients doivent me respecter ;
- en réunion, tout le monde doit être absolument silencieux ;
- tous mes collaborateurs doivent m'apprécier.

Certains le font, évidemment, ils sont également de bons candidats au burn-out.

Plusieurs séances plus tard, Laurence répondit à la question qui débranche en disant à Marie :

– Si j'étais sûre de ça, je dirais l'inverse de ce que je disais jusqu'à présent en réunion de rentrée aux parents ; je leur présenterais *a priori* mes excuses en disant que je ne serai pas capable de m'adapter à chacun parce que j'ai déjà essayé et que le déplorable résultat de cette vaine tentative, c'est que j'ai été contrainte d'abandonner toute ma classe en plein milieu d'année. Que je ferai donc mon maximum pour que la classe dans son ensemble avance le mieux possible, mais que je ne pourrai pas faire le programme à la carte.

– Bonne idée, répondit Marie. Que pourraient dire les parents à votre avis ?

– Je ne sais pas, je pense que certains pourraient être vraiment choqués et me dire : mais enfin, si vous ne vous adaptez pas, mon enfant ne pourra pas évoluer correctement !

– Que répondriez-vous ?

– Qu'il faudra peut-être qu'ils mettent des choses en place à la maison, mais que je n'ai pas les moyens humains de m'adapter à chacun, parce que cela dessert tout le monde, même, et c'est le comble, ceux auxquels je m'adapte plus spécifiquement. Mais qu'évidemment des heures de soutien personnalisé auront lieu, comme chaque année, pour ceux qui le souhaitent et sur mes recommandations.

– Bien, excellent, je vous invite à vous y préparer dans le détail. Et surtout à imaginer tout ce que pourraient mettre en place certains parents pour vous faire craquer à nouveau. Parce qu'il sera vital de tenir l'engagement que vous aurez pris vis-à-vis de vous-même en début d'année.

– Très bien, je vais faire une liste pour m'y préparer.

– Comment vous sentez-vous maintenant à l'idée de reprendre les cours ?

– Toujours horriblement mal, répond Laurence qui éclate en sanglots.

– Vous avez peur, c'est ça ? demande Marie.

– Je crois, oui, je ne sais pas trop.

– Imaginons un peu ensemble. Que pourrait-il se passer de plus épouvantable le jour de la rentrée ou les suivants ?

– Mon cauchemar le plus horrible, c'est de croiser une des mères d'élèves qui était là en réunion.

– Logique, étant donné l'événement qui a déclenché votre burn-out. Et qu'elle ait quelle attitude ?

– Qu'elle me regarde un peu méprisante, en me disant : « Ça va ? Vous êtes remise ? », comme si j'avais pris des jours de vacances.

– Oui, c'est tout à fait possible, elles n'avaient pas franchement l'air tendre et en plus, dans la mesure où vous avez toujours pris sur vous, je pense, à leur décharge, qu'elles n'imaginent pas l'abominable souffrance qui a été la vôtre pendant votre arrêt-maladie.

– Je serais vraiment très mal si elles disaient ça, parce que c'est vrai que je me suis sentie nulle et coupable de ne pas avoir repris plus vite.

– Que pourriez-vous répondre alors ?

– Je ne vois vraiment pas. Quand j'y pense, c'est comme si je ressentais les mêmes choses que pendant cette horrible réunion où je me suis consumée de l'intérieur.

– Vous pourriez répondre par exemple : « C'est ça de vouloir s'adapter à tout le monde, on finit par tomber malade. Mais ne vous inquiétez pas, j'ai bien changé. »

Laurence sourit : « Ah, d'accord. Bon, là aussi, il va falloir que je m'entraîne… je vais demander à mon mari. »

Il existe un certain nombre d'autres injonctions, largement alimentées par l'extérieur, qu'il soit professionnel ou sociétal, que vous avez faites vôtres et qui sont activées au quotidien, en classe, face à des collègues ou à des parents d'élèves, par certaines situations complexes au niveau relationnel.

Elles peuvent sans doute parfois être motrices ; de mon point de vue et d'après mon expérience, c'est très rarement le cas, elles ont plutôt comme caractéristique de rigidifier un peu plus des interactions déjà très problématiques.

2.
Je dois me faire respecter

Une de mes étudiantes de l'ESPE me racontait qu'un de ses professeurs lui avait conseillé pour son premier jour en autonomie dans sa classe de CE2 de ne pas sourire du tout. Pour montrer qui était le chef.

Elle avait passé une première journée cauchemardesque.

J'imagine en effet sans mal la souffrance de cette jeune fille très souriante *a priori* et les interactions très étranges qu'elle a dû avoir avec ses élèves toute la journée en refrénant sa nature enjouée. Ce, d'autant plus que, quel que soit leur âge, les enfants et les adolescents sont très sensibles aux incongruences entre les messages explicites (je ne suis pas quelqu'un de sympa, la preuve, je ne souris pas) et implicites (c'est très dur pour moi, et cela se voit dès que je me relâche, parce qu'en fait je suis plutôt quelqu'un de très sympa). La perception qu'ils auront de cette première journée est sans doute celle d'une enseignante mal à l'aise, en contrôle d'elle-même, ce qui ne suscite guère la sympathie et le respect *a priori*.

Sans tomber dans cet excès, il est souvent conseillé aux jeunes enseignants de « serrer la vis » au début de l'année pour pouvoir éventuellement « lâcher du lest » ensuite.

Pour certains cela fonctionne parfaitement. Souvent, d'ailleurs, pour ceux dont on dit qu'ils ont une capacité naturelle à se faire respecter. Au fond, pour ceux-là, toutes les stratégies fonctionnent, comme portées par ce charisme naturel qui semble être le leur.

Les ennuis commencent lorsque vous voulez commencer à contrôler ce qui résulte d'un processus en mouvement. Qui ne supporte donc pas de mode d'emploi (par définition statique) puisqu'il est en perpétuelle adaptation. Ça ne colle pas, et plus vous tentez de contrôler ce qui est par nature incontrôlable et moins vous y parvenez.

Or, c'est précisément ce que risque de générer cette terrible auto-injonction : je dois à tout prix me faire respecter.

À deux doigts du fait divers

C'est l'histoire qui est arrivée à Jacqueline, 57 ans, professeure des écoles depuis plus de vingt ans, qui m'est envoyée, épuisée, par son médecin traitant.

À son épuisement, je le comprends rapidement, s'ajoute une autodéception de ne pas réussir à gérer une situation professionnelle somme toute assez banale, malgré ses quelque trente années d'expérience.

C'est la première fois qu'elle se sent en échec dans sa classe, et elle le vit très mal.

Elle est donc assez sombre et irritée lorsqu'elle me raconte ce qui se passe dans sa classe de CM1 avec Yared, dix ans.

– C'est un enfant qui a un passé et un quotidien très dur, il a été placé en famille d'accueil il y a peu. Il est ingérable. À cause de lui, je suis dans l'incapacité de faire cours et c'est bien la première fois que ça m'arrive. C'est très difficile pour moi parce qu'il me met dans des colères invraisemblables et, très peu de temps après, je culpabilise horriblement, en me disant que ce n'est pas de sa faute, évidemment.

Il y a une seule chose dont je suis sûre, c'est qu'il faut que je me fasse respecter ; c'est ce que m'a dit mon IEN lorsque je lui en ai parlé. Respecter l'adulte, c'est un apprentissage que Yared doit faire maintenant, parce qu'après ce sera trop tard. Mais franchement, je ne sais vraiment pas comment m'y prendre, j'ai l'impression d'avoir tout essayé et que rien ne marche.

– Racontez-moi la fois où il vous a le plus fait sortir de vos gonds, que je comprenne un peu mieux comment il s'y prend.

– C'est tous les jours la même comédie en réalité, mais, la semaine dernière, je lui ai hurlé dessus et j'ai vraiment dû me retenir pour ne pas le secouer. En fait, je crois vraiment qu'en ce qui concerne ma relation avec Yared, on est à deux doigts du fait divers.

– C'est terriblement angoissant de se sentir aussi proche de la perte de contrôle. J'imagine dans quelle détresse vous vous trouvez. Que fait-il alors qui vous fait vous sentir aussi mal ?

– Soudainement, sans que je puisse l'anticiper, mais très souvent après quelques minutes de cours, il glisse de sa chaise et il se met à ramper dans la classe entre les tables de ses camarades. Et là, il se met à mimer des bruits de pets ou à déclamer tout l'alphabet en rotant, ce qui fait énormément rire la classe. Il ne comprend même pas que s'ils rient, c'est aussi pour se moquer de lui. Il est tout content de faire son cirque, c'est vraiment insupportable à voir et surtout ça déconcentre tout le monde.

– Qu'est-ce que vous faites à ce moment-là ?

– Je lui dis de revenir s'asseoir, il n'obéit pas et il me regarde en souriant, donc je vais vers lui, mais il se faufile comme un furet entre les tables et je ne suis pas aussi rapide que lui, donc je me ridiculise devant tous les autres en me cognant partout. Après je me mets à lui hurler dessus et là il se bouche les oreilles en prenant un air de chien battu. Je finis toujours par l'attraper quand même et, comme je suis à bout de nerfs, je l'envoie chez ma collègue de CM2 où, comble de l'horreur pour moi, il est plutôt beaucoup plus calme, ce qui me donne encore plus envie de le secouer.

Un matin, j'ai également essayé de ne rien faire, de faire comme s'il n'était pas là, et ça a été l'horreur, il a commencé à piquer des feuilles de papier sur un bureau, à les rouler en boule et à les jeter dans ma corbeille depuis le fond de la classe. Je lui ai donc dit d'arrêter, alors que je n'avais rien dit depuis au moins quinze minutes qu'il rampait en rotant. Il a continué à jeter les papiers, comme s'il était un basketteur international en levant les bras au ciel et en mimant l'extase dès qu'il marquait. Il ne respecte absolument pas ma parole. Il se fiche de tout.

– Vous avez tenté d'autres choses pour essayer de le faire rentrer dans le rang ?

– J'ai essayé de lui parler calmement plusieurs matins de suite ; je lui ai dit qu'il fallait vraiment qu'il se calme, qu'il avait déjà de très grosses difficultés et qu'il ne mettait vraiment pas les chances de son côté en faisant l'idiot comme ça. Le pire, c'est qu'il acquiesce en souriant. Il dit : « D'accord, maîtresse Jacqueline » et il recommence dix minutes après. Donc, vraiment, j'ai tout tenté :

- lui dire d'arrêter ;
- le mettre dans une autre classe ;

- lui parler calmement ;
- faire comme si je ne le voyais pas ;
- lui hurler dessus.

Je ne vois pas ce que je peux faire d'autre. À part le secouer, mais je préférerais éviter, pour lui comme pour moi.

– Étant donné tout ce que vous avez déjà essayé de faire, il y a de quoi être extrêmement énervée et, sincèrement, je ne vois pas comment vous être utile…

– C'est bien ce que je me disais. Vous n'êtes pas dans la classe, vous ne pouvez pas savoir mieux que nous.

– Non, absolument pas. D'autant plus que, pour vous, le fait d'avoir le respect de vos élèves, c'est absolument essentiel, beaucoup moins pour moi, étant donné que je n'ai pas à gérer la classe.

– Évidemment que c'est important le respect.

– Évidemment. Il touche donc un point sensible chez vous, et je crois qu'il l'a très bien compris. Au fond c'est comme si ça l'excitait, toutes ces tentatives pour en quelque sorte le mater. Comme s'il vous narguait en disant : « Tu l'auras pas, mon respect. »

– Vous pensez qu'il le fait exprès ?

– Non. Ce n'est pas aussi conscient que ça. Il ne se dit pas tous les matins : « Tiens, je vais faire péter les plombs à Jacqueline ! » Mais il a trouvé une façon très efficace de créer une forte intensité émotionnelle avec vous. Certains enfants ont besoin de ça avec les gens importants pour eux. C'est mieux que rien, d'une certaine manière. D'ailleurs, je m'interroge, il est gentil des fois, avec vous en particulier ?

– C'est bizarre que vous me demandiez ça, parce que très souvent après une crise, ou lorsqu'il sort de la classe de CM2 où je l'ai envoyé pour le punir, il vient vers moi et place sa tête sur mon épaule, comme s'il demandait un geste affectueux. Jusqu'à il y a peu, je le prenais un peu contre moi, mais là, depuis quelques semaines, je refuse, je lui dis que c'est un peu trop facile et que je n'ai pas envie d'un câlin, parce qu'il est vraiment trop pénible.

– Je vois. Bien, en fait, vous avez tout essayé, c'est vrai.

– C'est bien ce que je pensais.

– Tout, mais, pardonnez-moi, un peu dans le même sens.

Comme si vous jouiez la même partition avec un triangle, puis une harpe, puis une batterie, puis une trompette. C'est différent et c'est pareil. Puisque, au fond, l'intention commune à chacune de vos interventions, et que Yared a parfaitement perçue, c'est : « Calme-toi, obéis-moi, respecte-moi. » Puisque même lorsque vous avez tenté de jouer l'indifférence, vous avez recraqué au bout d'un quart d'heure. Et ce que vous n'avez pas encore essayé, c'est normal parce qu'il est impossible d'y penser tout seul, tellement c'est bizarre, c'est l'inverse.

– L'inverse ?

– Oui, je me dis que lorsqu'on a essayé quelque chose une fois, dix fois, cent fois, mille fois et que cela ne fonctionne pas, voire que ça empire, c'est toujours très instructif d'essayer l'inverse. Un peu comme lorsque l'on est dans une impasse. La seule façon de s'en sortir, c'est de faire demi-tour.

– Donc, si je vous suis bien, je dois lui dire, vas-y fais-toi plaisir, rote et pète et rampe dans la classe.

– Vous avez oublié le jet de boulettes de papier, Jacqueline, dans la corbeille.

– Non, mais sérieusement ?

– Si on envisage la problématique sur un plan strictement linguistique, l'inverse exact de « obéis-moi », c'est effectivement « le fait que tu désobéisses n'est pas un problème pour moi ». Vous êtes d'accord que, pour l'instant, c'est la seule chose que vous n'ayez pas dite à Yared ?

– Et pour cause, pardonnez-moi, mais c'est quand même un peu étrange, non ?

– Si. Très. Et vous pouvez d'ailleurs trouver cela tellement étrange que cela vous pousse à continuer dans la première voie, celle du « obéis-moi coûte que coûte ». Mais, dans ce cas, vous n'avez pas besoin de moi, vous savez parfaitement vous y prendre.

– En même temps, si je suis là, c'est bien que j'ai constaté que ce que je faisais ne fonctionnait pas, grommelle Jacqueline.

– En effet, ce qui n'est pas le cas de tous les enseignants, et ils sont plus nombreux qu'on croit à être dans votre situation. Clairement, ce que je vais vous proposer va être à la fois difficile et vous paraître totalement absurde. Votre IEN, c'est notre chance, est très ouverte aux innovations pédagogiques, mais je ne voudrais surtout pas vous mettre dans une situation inconfortable vis-à-vis de votre hiérarchie.

– Dites toujours, répond Jacqueline l'air sceptique, je m'entends très bien avec la directrice.

– Si vous souhaitez emprunter la voie à 180°, il va falloir que vous meniez cette expérience pendant quinze jours, pas plus, ce serait beaucoup trop difficile. Mais pendant ces quinze jours, aucune rechute, sinon on recommence tout depuis le début. À chaque rechute, Yared va se dire, Jacqueline tient un jour ou deux puis elle craque, et donc ça le renforcera à chaque fois un peu plus dans sa conviction qu'il vous tient en vous désobéissant, un peu comme s'il avait une télécommande à Jacqueline. C'est la raison pour laquelle je préfère mille fois que nous commencions dans un mois et que nous tenions, plutôt que mettre ça en place dès demain et rechuter dans vingt-quatre heures.

– C'est compris.

– Vous allez donc dire à Yared en individuel que vous comprenez qu'il a besoin de moments de détente en classe et que vous allez lui laisser la possibilité de les prendre dès qu'il en ressentira le besoin. Et que, à partir de maintenant, lorsqu'il commencera à ramper en rotant, vous lui direz : « Vas-y Yared, fais ton tour de la classe, reviens t'asseoir quand tu veux, nous savons tous que tu en as besoin » ; s'il se met à lancer des papiers comme la première fois, vous lui tendez la corbeille pour l'aider à faire des paniers et vous le félicitez chaleureusement quand il réussit.

– Et je fais cours quand ?

– Eh bien disons que c'est le temps que vous passiez à lui courir derrière que vous allez pour l'instant utiliser à faire exactement l'inverse. Pendant qu'il rampe en rotant, vous faites cours, comme si de rien n'était, mais après l'avoir gentiment enjoint à prendre son temps.

Il y a fort à parier qu'il va inventer de nouveaux jeux très intelligents pour vous faire rechuter, et je vais vous inviter à les amplifier avec ce message implicite permanent : « Vas-y, car pour l'instant, tu en as besoin. »

– Et si les autres me demandent pourquoi il a le droit, lui ?

– Vous leur répondrez que, pour l'instant, Yared en a besoin, parce qu'il est encore un peu petit.

– Ce n'est pas très gentil.

– Plus que de lui hurler dessus.

– Et s'il ne se calme pas ?

– Vous voyez comme vous êtes, Jacqueline, déjà en train de rechuter, alors que nous n'avons même pas commencé notre expérience ; il ne va pas se calmer, mais ce ne sera plus pour défier votre autorité puisque vous allez lui faire croire que ce n'est plus un problème pour vous. L'objectif n'est pas qu'il se calme et vous obéisse, l'objectif est d'éviter le fait divers en déréglant la télécommande de Yared, car nous allons lui faire croire que ses bêtises n'ont plus d'impact sur vous. C'est le seul objectif auquel nous pouvons arriver vous et moi. Il est sans doute très minime par rapport à ce que vous souhaiteriez. En plus, c'est très énervant, ça ne va pas être simple pour l'atteindre. Quant à celui qui consiste à faire en sorte que Yared rentre dans le rang, il n'y a que lui qui peut le décider au fond. Ni vous, ni moi.

– Si déjà, je me sens moins… saisie par la rage dès qu'il commence, j'aurais fait un pas important, soupire Jacqueline après quelques secondes de silence.

Nous avons finalement décidé d'un commun accord qu'il serait plus sage, pour éviter les rechutes de Jacqueline, de mettre en place cette stratégie à 180° pendant une semaine plutôt que quinze jours, puis qu'elle me rapporte ses observations.

Yared, comme d'habitude, a écouté son institutrice en souriant. Une demi-heure après le début du cours, il est allé au fond de la classe en rampant, comme précédemment, et a commencé à viser la corbeille avec des boulettes de papier.

Jacqueline lui a dit de se mettre un peu plus en avant et a posé la corbeille en face de lui. Elle l'a félicité chaque fois qu'il marquait un panier.

« Ce qui a été étonnant, c'est sa tête quand j'ai changé la corbeille de place. Comme s'il avait eu une espèce de déclic qui venait confirmer "en vrai" ce que je lui avais dit juste avant et qui n'était visiblement pour lui que du bla-bla, comme toutes les fois précédentes. Là, il a vraiment changé de tête et après avoir fait quatre paniers que toute la classe sur mon invitation a applaudis, il est revenu à sa place, l'air assez peu victorieux.

Je n'ai pas craqué pendant la première semaine lorsqu'il se mettait à faire n'importe quoi, parce que c'est comme si je sentais que je reprenais du contrôle sur la situation en lui demandant de continuer, je voyais que ça rendait les choses beaucoup plus souples. Il n'a pas arrêté ses comportements insupportables pour autant, allez, on va dire qu'ils ont diminué de 40 %, pas plus. (L'enseignant a parfois du mal à jubiler...)

Mais ça ne me fait plus du tout la même chose, comme si j'avais au moins partiellement renoncé à le faire entrer dans le rang, et qu'en contrepartie, lui trouvait moins d'intérêt à essayer de me faire craquer.

Franchement, c'est tellement compliqué de ne pas rechuter, parce que ça ne devient pas un réflexe évidemment, c'est tellement à contre-courant de toutes les croyances que j'ai emmagasinées depuis cinquante ans ; et même si les occasions sont moins nombreuses de vouloir contrôler à nouveau ses comportements insupportables, il y en a encore. Franchement, je suis heureuse qu'il change d'instit l'an prochain, parce que je ne sais pas si j'aurais pu tenir toute une année sans replonger. Et là, l'enfer aurait recommencé, pour lui, comme pour moi. On devrait apprendre le 180° en début de carrière, quand la souplesse de la jeunesse est encore là.

Ce qui est important pour la vision que j'ai de moi-même en tant qu'enseignante, c'est que, quand il demande un câlin, maintenant, je peux dire oui sans me forcer. »

L'inverse d'une baguette magique

Nous sommes souvent sollicités par des enseignants qui, poussés par leur volonté fondamentale d'inscrire tous les enfants dans les apprentissages, sont très ennuyés par l'incapacité de certains élèves à se concentrer, à obéir, à entrer un tant soit peu dans l'autonomie.

J'ai la grande chance de collaborer sur ce sujet avec le centre Sésames[1] en Suisse, qui, en plus des consultations thérapeutiques, travaille sur des projets pédagogiques et relationnels innovants en supervisant des enseignants en quête de solutions pour résoudre ce type de problèmes.

1. www.centre-sesames.ch

Pendant l'année 2016-2017, trois enseignants, supervisés par le brillant psychologue et enseignant Alessandro Elia et ses étudiants en psychologie, ont travaillé dans leur structure avec une petite Julie selon des modalités similaires à celles utilisées pour Yared, car les comportements, les enjeux et les tentatives de régulation étaient assez semblables.

Les retours de cette équipe d'enseignants tout au long de l'année furent absolument instructifs et très représentatifs de ce qui se produit dans la majorité des cas.

Au bout de cinq semaines, les comportements de Julie avaient radicalement changé, et les enseignants étaient très étonnés de la rapidité de son évolution au niveau comportemental. (Il est à noter en effet que lorsque le virage à 180° est pris auprès d'un élève simultanément par plusieurs adultes, son efficacité en est décuplée.)

Elle regardait à nouveau dans les yeux, venait saluer spontanément les enseignants, écoutait davantage, ne piquait plus ses crises de colère légendaires qui poussaient auparavant l'équipe à faire sortir tous les autres élèves de la classe pour les protéger de jets d'objets intempestifs. Colères toujours suscitées par une remarque sur son comportement ou par un échec dans les apprentissages.

Bref, l'équipe était enchantée.

Ce qui nous inquiéta, Alessandro et moi. Parce que c'est ici que se situe le premier danger :

constater la puissance de l'arrêt des tentatives de régulation inopérantes, penser qu'il s'agit d'une baguette magique, et du coup ne plus être vigilant, en tant qu'enseignant, aux rechutes qui sont parfois tellement insidieuses qu'on peut avoir l'impression que « ça ne fonctionne plus ».

C'est la raison pour laquelle nous avions, dès ce premier retour, prévenu cette excellente équipe d'enseignants qu'il y aurait forcément de nouveaux incidents et qu'ils devaient observer très finement toutes les prochaines crises ou régressions de Julie pour que nous puissions les analyser ensemble et mieux en dégager le processus déclencheur et amplificateur.

Le recueil ainsi fait montra très vite que, poussés par leurs premiers succès, les enseignants s'étaient mis à considérer Julie comme une élève capable de faire comme les autres et s'étaient donc remis à tenter de la faire rentrer dans le rang.

Prenons un exemple : première manifestation du virage à 180° pris par l'équipe éducative, une cabane avait été créée pour Julie[1] lorsqu'elle se

1. Une de vos questions les plus fréquentes face à ce genre de dispositif est la crainte de la généralisation. Que faire si tous les élèves demandent à aller dans la cabane ? Il me semble au contraire qu'il peut être très intéressant de dire à chacun qu'il a le droit d'aller dans la cabane quand il est en colère ou dans la lune ou quand il a besoin de calme. Créer un système d'inscription qui donne lieu à un tour pour un moment de quelques minutes dans la cabane peut être très utile. Par expérience, seuls quelques-uns le demandent et le climat de la classe s'en trouve apaisé.

sentait sur le point de se déconcentrer et dans laquelle elle pouvait aller soit faire ses crises de colère – que l'on n'essayait donc plus de maîtriser –, soit rêvasser lorsqu'elle avait décidé de ne pas faire l'activité.

L'idée était de la laisser décider le plus possible, précisément pour renforcer son autonomie défaillante. Le message implicite était : « Tu as besoin de te déconcentrer et/ou de te mettre en colère, vas-y, ce n'est pas un problème pour nous. »

Pendant la première semaine, chaque fois qu'elle y était invitée gentiment parce qu'elle se déconcentrait ou s'énervait de façon excessive, Julie s'y rendait sans problème, restait quelques minutes, puis ressortait et se mettait un peu aux activités. Ce qu'elle n'avait jamais fait auparavant.

Au bout de six semaines, au vu des progrès de Julie, l'intention de l'envoi dans la cabane avait subtilement été modifiée et ressemblait plus à « puisque tu es pénible, ou puisque tu ne veux rien faire, va dans la cabane », message à nouveau punitif qui revenait d'une certaine manière à ce qui lui était dit avant que ne soit pris le virage à 180°.

La petite fille l'avait évidemment perçu. Elle piqua à nouveau un certain nombre de crises et se désintéressa des activités collectives et individuelles.

Ce fut un moment très décourageant pour les équipes. S'il n'avait pas été décodé correctement, c'est-à-dire comme la résultante d'une reprise, presque invisible, des anciennes tentatives de régulation de la part des adultes, le risque eut été grand que ces derniers en concluent que rien ne fonctionne. Et donc soit qu'ils recommencent comme avant, soit qu'ils renoncent à faire grandir l'élève en question, découragés.

Dans ce cas précis, les explications et encouragements d'Alessandro permirent aux enseignants de persévérer, d'affiner, d'adapter avec créativité leur 180° à toutes les occasions qui se présentaient.

Ils décidèrent notamment d'un aménagement supplémentaire particulièrement ingénieux : Julie dut choisir pour elle une figurine, ce fut un petit tigre, qu'elle avait toujours dans sa poche. Lorsque Julie ressentait le besoin d'aller dans la cabane, elle levait son tigre et, après l'acquiescement de la maîtresse, allait rêvasser ou s'énerver en fonction de ce qu'elle ressentait.

Mais son enseignante avait le même, et lorsqu'elle avait l'impression que Julie en ressentait le besoin, elle levait son propre tigre pour lui proposer d'aller se retirer. Cette complicité créée par le partage d'un même petit animal rendit l'injonction très affectueuse.

Au moment où j'écris ces lignes, leur compte rendu nous est parvenu :

Cette fin d'année a été très active, car nous avons fêté les 10 ans de notre école en préparant un spectacle, des expositions et divers stands.

Après hésitations, Julie a pu participer à toutes les activités.

Depuis notre dernière rencontre, elle a poursuivi ses progrès tant dans le domaine de la socialisation que dans les apprentissages.

Elle construit avec de plus en plus de patience, s'investit beaucoup dans les jeux de construction (Kapla, Lego). Elle ne détruit plus ses jeux ou ceux de ses copains de classe.

Elle peut accepter de refaire une partie d'un jeu qui comporte des erreurs.

Elle a envie d'apprendre de nouvelles notions.

Elle écoute une histoire en restant attentive.

Pour l'année prochaine, Julie ira donc dans une classe avec un programme adapté et surtout dans un petit groupe, cette option nous paraît toujours pertinente. Ses parents sont contents. Julie a pu aller visiter sa nouvelle classe.

Nous sommes ravis de toute l'aide que vous nous avez apportée tout au long de cette année scolaire. À chaque rencontre, vous nous donniez les bons mots, les astuces qui ont permis d'amorcer la positive attitude avec cette enfant particulièrement « récalcitrante ».

Vous nous avez permis d'aider cette enfant à grandir, mais à travers ces rencontres nous avons aussi beaucoup appris... MERCI.

C'est bien d'être dans la lune, parfois

D'une façon générale, la profonde agitation qui saisit les élèves de maternelle et de primaire, selon, en tout cas, la perception agacée qu'en ont les adultes contemporains, me semble être gérée majoritairement de façon très improductive, puisque leur nombre ne cesse de croître, des hordes de marsupilamis ayant visiblement envahi les écoles primaires françaises.

Lorsqu'on parle hyperactivité, on le fait presque toujours en tentant d'analyser ce qui dysfonctionne dans le cerveau du petit diagnostiqué, c'est-à-dire en désignant cet enfant si dérangeant qu'il « parle sans y être autorisé », « ne sait pas rester assis plus d'une demi-heure », « a du mal à se concentrer sur quelque chose qui ne l'intéresse pas » (le bougre !) et « est sans arrêt dans la lune ».

On ne regarde pas l'entièreté des séquences et notamment ce qui déclenche l'agitation et le conflit, on préfère en effet convoquer des raisons extérieures, comme les écrans, l'hyperactivité, le manque de sommeil en s'interdisant l'analyse interactionnelle.

On ne voit donc pas que l'on dit en permanence à ces enfants et sur tous les tons exactement la même chose pendant des mois et des années (sans que cela ait le moindre effet positif, mais plutôt en réalité l'effet exactement inverse à celui recherché) : « Calme-toi, concentre-toi, sois à ce que tu fais, arrête de bouger, tu es encore dans la lune ? »

Ce qui rien qu'en l'écrivant me donne une irrépressible envie d'agiter frénétiquement les jambes.

La question qui se pose peut-être la suivante : « Est-ce parce qu'ils sont bougeons qu'on leur dit de se calmer ou bien est-ce parce qu'on leur demande sans arrêt de se calmer qu'ils sont aussi bougeons ? » La vérité est circulaire. De cette circularité propre aux cercles vicieux.

Nous avons fait très souvent l'expérience clinique avec des mamans. Des mamans que l'Institution avait jugé bon de nous envoyer en consultation parce que leurs enfants « avaient des problèmes de concentration ». Opérer un virage à 180° juste sur le registre relationnel pouvait avoir des résultats tout à fait remarquables et éviter ainsi le passage par une médication dont les tristes effets secondaires sont malheureusement connus[1] :

---

1. Les plus fréquents sont : addiction, douleur abdominale, nervosité, agitation, tachycardie, hypertension, perte d'appétit, paranoïa, hyperactivité, vasoconstriction, TIC, état

THÉRAPEUTE : Dites-moi alors, comment ça se passe les devoirs le soir ?

MAMAN : Très difficilement, je dois l'appeler cinq fois, ensuite il se tord sur sa chaise, regarde les mouches voler, ne fait aucun effort de concentration, toutes les deux minutes, je suis obligée de le ramener sur terre, et à la fin je m'énerve. Même si j'essaie de prendre sur moi, je lui dis des horreurs, il se met à pleurer, les cahiers volent et les devoirs ne sont faits qu'à moitié, parfois même pas.

THÉRAPEUTE : Vous en avez parlé à la maîtresse ?

MAMAN : Oui, elle le canalise beaucoup, elle passe beaucoup de temps à faire en sorte qu'il se concentre, mais elle me dit que c'est peine perdue, et elle m'a parlé de ce médicament, la Ritaline. Vous connaissez ?

THÉRAPEUTE : Oui. Mais peut-être serait-il intéressant, avant de faire quoi que ce soit, que nous tentions de voir un peu comment cette hyperactivité se comporte en milieu autonome. C'est-à-dire comment elle se comporte quand elle n'est pas canalisée par des ressources extérieures. Cela nous aidera à mieux voir comment vous aider. Je vais

---

anxieux, crise de panique. Source Afssaps, Commission nationale des stupéfiants et des psychotropes, 2011.

donc vous demander de faire la chose suivante : au moment des devoirs, chaque fois que votre enfant commencera à montrer des signes de déconcentration, mais vraiment au tout début – par exemple quand il commence à peine à chercher la mouche dont il va se servir pour se déconcentrer –, vous lui direz : « Je crois bien que ton corps en a assez de ces devoirs, il commence à s'agiter. Va jouer chéri et ne reviens que si tu en as vraiment envie. » Il est vraisemblable qu'il ne reviendra pas, peut-être même pendant plusieurs jours, peut-être même pendant toute la durée de l'expérience. C'est la raison pour laquelle je vous demande de ne la faire que pendant quinze jours. Mais ces quinze jours sont absolument essentiels pour que nous puissions opérer le bon diagnostic. Il ne faudra jamais lui demander de se concentrer. Au pire, il ne fera pas ses devoirs pendant quinze jours et aura des mauvaises évaluations. Mais comme pour l'instant ils sont à moitié faits…

Il n'est pas rare que les mamans nous racontent des scènes tout à fait étonnantes une fois les quinze jours écoulés.

Par exemple : « Le premier soir, au bout de cinq minutes, il a commencé à s'agiter. Je me suis dit, oh, là, là, cinq minutes, c'est vraiment rien, mais j'ai fait ce que vous avez dit. Il m'a regardée et m'a dit : "Tu es trop bizarre, toi ce soir." Et il est parti jouer très content. Au bout de dix minutes, il est revenu et il m'a dit : "Bon, au boulot, maman maintenant." J'ai accepté, en prenant l'air un peu forcé et il a recommencé à s'agiter au bout d'un quart d'heure, alors je lui ai réordonné d'aller jouer en lui disant : "Il faut que tu écoutes ce que ton corps te dit, chéri." Il n'a joué que cinq minutes, il est revenu en prenant un air un peu sévère et m'a dit cette phrase que je lui disais sans arrêt avant : "Allez, si on se concentre un peu, on va finir supervite." Je me suis mordu les lèvres pour ne pas rire et j'ai obtempéré. »

Ou alors : « Il était tellement content le premier soir, il est parti pratiquement en dansant de joie et il n'est pas revenu du tout. Je me suis dit : voilà, quinze jours où il ne va rien faire du tout. Le lendemain, à l'heure des devoirs, il m'a dit : "Ce matin, j'avais pas fait mes tables de multiplication, j'ai eu un peu mal au ventre tout le matin. On les fait ?" J'ai essayé de ne pas montrer trop de surprise et je lui ai dit : "Oui, mais dès que tu te déconcentres, on arrête, parce que ça veut dire que ton cerveau a trop travaillé." Mais il a tout fait d'une traite. Depuis, je lui redis bien d'écouter sa déconcentration, qu'elle lui dit quelque chose d'important. Et on ne s'est pas disputé pour les devoirs depuis quinze jours. Il les fractionne en deux ou trois fois. »

Et pour d'autres : « Pendant une semaine, j'ai dû lui dire la phrase : "Eh, ton cerveau est en train de chauffer, chéri, il est urgent que tu ailles jouer." Il y est allé à chaque fois. Sans revenir. J'étais un peu mortifiée. Mais ce dont je ne me suis pas rendue compte, c'est qu'il s'est déconcentré de plus en plus tard au fur et à mesure du temps qui passait. Ce qui fait qu'au bout de dix jours, je n'ai plus eu l'occasion de lui dire. Vous pensez que c'est grave ? »

C'est qu'un enfant à qui on dit en permanence de se calmer et de se concentrer prend l'habitude qu'on se concentre à sa place. Ensuite, il ne sait plus faire tout seul.

Je milite donc pour qu'une lune douillette et ludique soit installée dans toutes les écoles de France. Pour que tous les diagnostiqués hyperactifs, comme Julie, aient le droit d'y aller faire un tour quand ça les démange. Parce que c'est bien d'être dans la lune parfois.

On en redescend apaisé et serein et donc disposé à se concentrer, sauf, bien sûr, si on nous a hurlé dessus d'en descendre pendant tout le temps où l'on tentait d'aller s'y ressourcer.

Tous contre un

Clément est le prof principal de la classe de 4e 7. C'est la première année qu'il est prof principal et il avait vraiment à cœur que ça se passe bien, avec cette classe en particulier.

– Nous sommes au début du deuxième trimestre et je ne me souviens pas d'un seul cours qui se soit correctement déroulé, me dit-il, infiniment triste. Je ne suis pas le seul avec lequel cela se passe mal, mais je pense quand même que c'est avec moi que c'est le plus calamiteux.

Dès le premier jour, après une demi-heure, trois meneurs se sont mis à tester mon autorité et ont réussi immédiatement à me mettre en difficulté. Mes collègues plus anciens me l'avaient dit : « Si tu rates la première journée, autant dire que c'est toute ton année qui est foutue », je pense que c'est en partie à cause de cette pression que tout a foiré tout de suite.

Ils ont commencé à se jeter des objets à travers la classe alors que j'avais le dos tourné. J'ai demandé son carnet à un des récepteurs, Medhi, parce qu'en me retournant vivement, j'ai vu qu'il avait attrapé un marqueur jeté en direction du tableau, donc sur moi. Medhi s'est mis à hurler à l'injustice en disant qu'il avait juste rattrapé le stylo pour qu'il ne me blesse pas et que c'est comme ça qu'il était récompensé, « Vous abusez Monsieur ». La classe presque entière a pris son parti et l'un des élèves que je n'ai pas pu identifier a même lancé un « Vous êtes raciste, Monsieur ? » qui m'a totalement décontenancé.

Je savais évidemment qu'il ne fallait pas que je commence à me justifier, mais c'est comme si j'avais été superfragilisé par cette attaque, donc j'ai fait volte-face par rapport à ma première décision de prendre le carnet de Medhi – créant ainsi, sans le vouloir, un tapis rouge magnifique à nos futures relations fondées sur ma fragilité ainsi démontrée – et j'ai demandé qui avait lancé le marqueur.

Tout le monde s'est tu en me regardant d'un air bravache.

J'ai encore fait volte-face et j'ai dit distinctement à Medhi : « Si tu ne me dis pas qui t'a lancé ce marqueur, je te sanctionne toi. » Il a répondu qu'il n'était pas une balance et qu'il préférait une heure de colle plutôt que de trahir un ami. La classe l'a applaudi.

Clément s'est énervé en disant qu'on n'était pas à la Mafia ici et que tant pis pour lui s'il préférait se faire punir à la place d'un autre. Il a pris son carnet.

Au moment où il a repris son cours, la classe a lancé un bourdon, jeu cruel parmi tant d'autres, qui existait déjà au XXe siècle.

Lorsque le jeu du bourdon a commencé, Clément s'est senti tellement vulnérable qu'il a sanctionné l'ensemble de la classe. Qui, depuis, met tout en œuvre pour ne pas le laisser faire cours et y parvient parfaitement.

Il est rentré épuisé le jour de la rentrée, se disant que, selon la sinistre prophétie de ses collègues, l'année allait être horrible avec cette classe-là.

Ce qui est en effet le cas quatre mois plus tard.

– Ils redoublent de créativité, me dit-il, et me poussent à bout jusqu'à ce que je craque et que j'en sanctionne un, deux, dix ou parfois toute la classe. Il n'y a pas une heure de cours sans carnet pris et il est très rare qu'il n'y ait pas d'envoi en vie scolaire. Désormais, je prends d'ailleurs tous les carnets en début de cours pour qu'ils sachent que je n'hésiterais pas à écrire immédiatement un mot. Mais ça ne change rien, ils continuent à organiser le chahut en faisant le bourdon ou l'autruche. Ou bien, Medhi et ses deux acolytes, que j'ai mis chacun à trois coins de la classe dès le début de l'année pour qu'ils ne fassent pas corps, organisent des concours de clashs entre eux à haute voix, jusqu'à ce que j'en envoie un ou deux, ou les trois, à la vie scolaire. Là, ça se calme un peu, mais j'ai toujours au moins deux jeux collectifs, même en leur absence. Je m'énerve en leur disant que c'est insupportablement bête et fatigant, et j'en sanctionne un ou deux s'ils continuent.

Comme nous sommes dans un bon travail collégial avec la vie scolaire, j'en ai parlé à la

CPE et elle est venue trois ou quatre fois leur faire la morale, mais…

– Cela n'a pas été très productif ? demandé-je à Clément.

– Non, ils se calment sur le moment, mais ça recommence une demi-heure plus tard. Avec même, je dirais, un peu plus d'intensité encore. J'ai donc décidé que je ne lui demanderai plus de venir.

– Vous avez parfaitement raison, c'est très finement analysé de votre part, comme tout le reste du processus d'ailleurs, bravo. En appelant la CPE à la rescousse en effet, c'est comme si, d'une certaine manière, vous attestiez officiellement de votre impuissance à les gérer, et de surcroît devant eux. Ce faisant, et bien sûr en voulant l'inverse, vous vous fragilisez considérablement et rendez la perception qu'ils ont de votre autorité encore plus problématique.

– Vous avez raison, je n'avais pas vu les choses sous cet angle ; sur le moment, j'étais seulement content d'avoir un peu d'aide, mais c'est vrai que c'est largement antiproductif, ce qui est normal ; j'ai dû le sentir puisque j'ai décidé d'arrêter de la faire intervenir malgré ses propositions… Bref, les cours ont très difficilement lieu et au conseil de classe du premier trimestre, les parents d'élèves délégués se sont plaints du climat qui régnait dans mon cours, certains élèves ayant remonté qu'il était impossible de suivre ce que je dis.

Ce qui est horrible pour Clément (et pour bon nombre de collègues enlisés dans de telles situations), je m'en rends compte en le regardant retenir ses larmes à tout prix, c'est que la situation le rend tellement triste, démuni et honteux, qu'il se sent devenir malveillant, injuste, intolérant : il ne peut vraiment plus les voir en peinture. « Je ne me reconnais pas, dit-il, ce n'est pas pour ça que j'ai fait ces études ; lorsque je les croise dans les couloirs, depuis un mois, je ne réponds même plus à leurs "bonjour". Je trouve qu'ils sont vraiment hypocrites, j'ai envie de les secouer et de leur demander pourquoi ils sont aussi cruels et barbares. Qu'est-ce que j'ai fait pour mériter de telles atrocités de leur part ? Peut-être que je devrais leur demander ? Peut-être qu'ils auront un sursaut d'humanité en comprenant la torture qu'ils me font subir ? » se demande-t-il, piochant sans s'en rendre compte, tout au long de l'entretien, dans le champ lexical de la tyrannie.

C'est une question que se posent immanquablement toutes les personnes harcelées, cherchant pour le coup de façon très torturante dans leur personnalité, leurs défauts, leurs manquements, tout ce qui pourrait expliquer la violence qui leur est faite.

Il est beaucoup plus productif de se la poser d'une façon interactionnelle, la réponse en est forcément plus opérationnelle, plus résolutoire, moins pathologisante pour soi-même : ils continuent parce que cela fonctionne et que c'est infiniment intéressant en matière de puissance (pré)adolescente que de pourvoir faire exploser un adulte, quel qu'il soit.

Ils sont donc en train d'alimenter cet infini plaisir depuis quatre mois puisqu'il leur est servi un peu comme lorsqu'ils mettent une pièce dans un distributeur à friandises. Ou comme si Clément s'était transformé, sans s'en rendre compte et bien malgré lui, en un héros de jeu vidéo grandeur nature qui a pour fond d'écran la salle de SVT.

Dans ce contexte, leur demander pourquoi ils lui font cela en espérant une émouvante prise de conscience de leur cruauté alimenterait vraisemblablement encore plus le cercle vicieux qui le fait déjà tellement souffrir puisque, ce faisant, il continuerait à leur demander implicitement du respect, ce qui, immanquablement, dans la situation actuelle, générerait un irrespect supplémentaire.

Encore une fois, c'est bien cette lancinante obsession « Je dois me faire respecter », qui le rendait de plus en plus rigide et en même temps de plus en plus fragile, qu'il a fallu assouplir pour que Clément puisse retrouver un peu de sérénité.

Le mouvement que nous avons emprunté a donc été d'envoyer le message inverse à la fois aux leaders et à la classe : « Vous pouvez ne pas me respecter, ce n'est pas un problème pour moi. » Pour faire comme si, tout à coup, le distributeur à friandises était tombé en panne. Virage à 180°, qui, évidemment, ne fut pas simple à vendre à Clément, tant cette idée lui semblait par principe dénuée de tout bon sens pédagogique, voire de bon sens tout court.

– Ce que nous pouvons voir de la situation pour l'instant, c'est que le fait même que vous leur demandiez sur tous les tons de vous respecter génère leur irrespect, dis-je à Clément en conclusion. Comme s'ils sentaient que cette exigence de respect est votre talon d'Achille et qu'ils vous tiennent tant que vous la leur demandez. Donc, soit vous continuez comme ça et vous savez d'ores et déjà dans quel type d'ambiance vous allez finir l'année, soit vous faites demi-tour en leur laissant croire que ce n'est plus du tout un problème pour vous.

– Je ne peux pas continuer comme ça, répond Clément après être resté quelques secondes silencieux. Son menton tremble.

Clément a donc dit à la classe entière que le ministère de l'Éducation nationale avait lancé un appel dans toutes les académies pour écrire un article sur les différentes innovations chahutistiques des élèves pour empêcher que les cours aient lieu correctement. Qu'il s'était donc porté volontaire parce que si jamais il était sélectionné parmi les auteurs, c'était extrêmement bien payé et que, pour lui, ce ne serait pas trop difficile puisqu'il avait une classe hyperdouée en la matière.

« J'ai donc écrit au ministère en disant que j'avais sans doute la classe la plus brillante de toute la France en matière de chahuts et que, grâce à vous, je pourrai sans nul doute proposer au moins cent façons différentes de mettre en difficulté les enseignants. Merci donc de m'en montrer le plus possible pendant les cours qu'il nous reste parce que, pour l'instant, vous n'avez pas été assez créatifs, je n'en ai dénombré que douze de vraiment performantes ; soyez donc s'il vous plaît un peu plus innovants que ce que vous faites avec beaucoup de persévérance depuis maintenant plusieurs mois, pour que je puisse les transcrire directement et ainsi gagner cette rondelette somme d'argent grâce à vous. J'ai jusqu'au mois de juin pour gagner le concours. »

Mehdi s'exclama immédiatement : « C'est abuser, franchement, que vous gagniez de l'argent sur notre dos. Dans vos rêves, on va vous aider. »

Clément a pris l'air très déçu et a dit :

– Je perds là un de mes contributeurs les plus précieux… Heureusement que tu n'es pas le seul de la classe à chahuter, je suis sûr que je pourrais compter sur certains de tes camarades.

– Je crois pas, non, a répondu le garçon en regardant autour de lui d'un air viril et entendu, faisant sourire Clément intérieurement.

Il avait été prévu qu'à partir de là, chaque fois que la classe lançait un chahut organisé, Clément s'arrêterait et dirait : « Oh, merci, c'est pour mon concours. » Il prendrait des notes sans rien dire d'autre puis donnerait une note sur vingt au jeu, en matière d'innovation et de chahut généré, et reprendrait le cours sans plus s'en émouvoir.

Clément a été un peu déçu de constater qu'il n'a pas eu besoin de le faire ; devant tant d'indifférence, la classe de 4e 7 avait baissé les bras en ce qui concernait les chahuts en cours de SVT. Il s'était préparé à faire cela toute l'année en me disant : « Au moins, j'aurais quelque chose à faire de ce chahut, c'est la différence. » C'est sans aucun doute cette détermination qu'a sentie sa classe.

De l'art de contre-chahuter

La créativité des élèves étant assez remarquable dès qu'il s'agit de faire perdre le contrôle à un adulte, voici quelques jeux qui m'ont été racontés depuis que je travaille sur le sujet, pour ceux d'entre vous qui ne les auraient jamais subis :

- Celui, ancestral, donc, du bourdon, dont la première règle consiste à produire un bourdonnement tous ensemble sans ouvrir la bouche, ce qui donne lieu à un son agressif et très oppressant, et ce, d'autant plus qu'il est impossible de dire qui le fait et qui ne le fait pas. La deuxième règle postule que si jamais vous sanctionnez un des élèves, ce dernier se plaigne amèrement de l'injustice qui lui est faite, en indiquant qu'il ne bourdonnait pas, lui, justement, et que tous les autres prennent sa défense, créant ainsi une nouvelle forme de cacophonie qui empêche le déroulement du cours. Car tel est l'objectif de ces chahuts en plus du plaisir de voir un adulte perdre ses moyens grâce au dispositif. (À noter que lorsque tout cela est organisé en fin de séance, c'est évidemment pour vous empêcher de donner des devoirs pour la fois suivante.) C'est la règle du « Mais Monsieur, c'est abuser », qui est valable d'ailleurs pour la grande majorité des jeux collectifs de cet acabit.
- Celui de l'autruche, qui consiste à tous se mettre la tête dans son sac posé à terre, comme si on cherchait quelque chose. Vous vous trouvez ainsi devant une salle sans têtes. De la même façon, si vous en sanctionnez un, ce dernier lèvera la tête en montrant une trousse ou un cahier et

en vous disant : « Madame, vous abusez, je cherchais un stylo », déclenchant ainsi la même défense quasi unanime.

- Certains font la même chose avec le fait de tousser, de bâiller bruyamment, de se racler la gorge, d'éternuer ou de faire tomber leurs stylos tous en même temps, créant ainsi un brouhaha organisé très amusant. Quiconque sera sanctionné prendra à nouveau la mine consternée de la victime du prof horriblement injuste et barbare que vous êtes.
- Une des enseignantes de français que j'ai reçues m'a décrit un jeu qu'avait inventé une de ses classes, nommé la salade de fruits, et qui consistait à ce que chaque élève s'accole le nom d'un fruit puis, dès que la couleur dudit fruit était dite par l'enseignant ou lue dans un texte, se lève brutalement en criant le nom du fruit. Puis, de façon absolument imprévisible, toute la classe se levait en criant salade de fruits, ce qui la faisait sursauter à chaque fois et déclenchait immanquablement l'hilarité générale.
- Un autre me raconta qu'un jour, en entrant dans sa classe, il vit le tableau totalement recouvert de craie, impossible d'y écrire quoi que ce soit et qu'un autre jour, chaque fois qu'il ouvrait la bouche, tout le monde se mettait à applaudir.
- L'un des plus élaborés et des plus perturbants que m'ait raconté un enseignant

> est le chahut qui consistait à fixer le prof dans les yeux le plus longtemps possible et à se donner une grande claque dès qu'on lâchait le regard. Il ne comprenait absolument pas ce qui se passait.

Quelles qu'en soient les modalités, ces scénarios ont pour but de vous rigidifier et de vous faire perdre le contrôle. Le fait même que vous fassiez semblant de jouer avec eux, comme si c'était en effet hilarant et pas du tout de nature à mettre en péril votre autorité, est un virage à 180° qui ne pourra que les décontenancer.

Ainsi, le fait d'orchestrer le bourdon, comme si vous étiez un maestro italien, en vous approchant des plus rebelles avec un semblant de baguette pour les inciter à bourdonner plus fort et à prendre l'air déçu si le son s'affaiblit ; vous pouvez également lire des copies ou des cours tout en continuant à bouger votre baguette imaginaire sans les regarder, ce qui montrera votre totale indifférence au fait qu'ils continuent ou s'arrêtent.

De prévenir, lorsqu'ils ont tous la tête dans leurs sacs pour le jeu de l'autruche, que le premier qui la relève aura une heure de colle et continuer à faire cours devant leur absence de têtes en attendant patiemment le premier qui craquera ; ou dire que le premier qui s'arrêtera de tousser ira à la vie scolaire et les regarder en souriant cracher leurs poumons.

De jeter son stylo violemment par terre une fois qu'ils l'ont tous jeté, en disant : « Personne m'a prévenu, c'est nul. »

De filer, comme l'avait brillamment décidé cette enseignante de français, une métaphore fruitée avec chacun des élèves rebelles de sa classe.

D'écrire le cours sur le tableau recouvert de craie, comme si de rien n'était, en indiquant qu'il y aurait contrôle sur ce sujet la prochaine fois et d'effacer juste un petit rectangle pour mettre la date, histoire de les irriter un peu.

De fixer le leader tête à claques le plus longtemps possible avec une tête bizarre et de crier « perdu, une claque » avant qu'il ne le fasse.

Ou bien de prendre au mot toute sa classe de terminale, comme l'avait fait astucieusement mon prof de philosophie de l'époque, au tableau duquel nous avions cru bon d'inscrire « Socrate aurait-il pu être fonctionnaire ? », en nous rétorquant : « Excellente question, vous avez deux heures. »

3.

Je dois me faire apprécier

À l'exact inverse, en termes d'objectifs en tout cas, de l'injonction « Je dois me faire respecter », se trouve celle qui pousse certains enseignants à se faire à tout prix apprécier de leurs classes, avec des résultats très douloureux parfois et paradoxalement assez identiques à ceux générés par la précédente.

Autopunition

François a 50 ans. Il est nouvellement professeur de maths dans un collège du centre-ville de Lyon, après une longue carrière en entreprise. Sa première année en tant qu'enseignant est en train de s'achever et il est totalement épuisé.

– Je pense que j'ai accumulé plus de tension nerveuse en un an dans ce collège qu'en vingt ans dans mon bureau d'études, que j'ai quitté parce que j'en avais assez de la pression… amer constat… Je viens vous voir sur les conseils de mon inspectrice, parce que je pense vraiment que je ne pourrai pas faire une deuxième année comme celle-là. J'ai passé tous les cours à m'époumoner devant l'ensemble de mes classes de cinquième, à tenter de les ramener au calme par tous les moyens et je dois bien admettre que je n'ai pas réussi. Je n'ai clairement pas du tout fini le programme et j'ai, en plus, la sensation de m'être fait humilier. Alors que je ne voulais qu'une seule chose : créer une bonne relation avec eux et leur transmettre mon amour des maths.

Il s'est passé quelque chose d'horrible la semaine dernière : j'étais dans le bus et, devant moi, il y avait un de mes élèves avec un copain. Il ne m'avait pas vu et ils se sont mis à discuter de la rentrée prochaine. Mon élève a dit à son voisin qui est en sixième : « J'espère pour toi que tu auras monsieur G. en maths ; c'est trop cool, on fait rien. C'est tellement trop une victime qu'il laisse faire n'importe quoi pendant ses cours et en plus il ne punit jamais ; il suffit d'aller le voir à la fin des cours et de discuter cinq minutes et hop, il te rend ton carnet. Bon, il faudrait pas avoir que des profs comme ça, parce qu'on n'apprendrait rien, mais une année, ça va, c'est cool, on peut se poser. »

Je suis resté dans le bus jusqu'au terminus puis je suis rentré à pied. J'étais abasourdi. Démonté. Je trouvais qu'il avait raison, qu'il synthétisait bien mon année, et en même temps je me disais : c'est superinjuste.

C'est vrai qu'en discutant avec des collègues, je m'étais vite convaincu que les punitions ne servaient à rien, donc j'avais tendance à reculer le plus possible le fait d'en mettre, c'est pour ça sans doute qu'ils me considéraient comme laxiste, mais les rares fois où j'ai mis des remarques et heures de colle dans le carnet, ça n'a rien changé non plus.

Je suis allé sur des blogs, comme Néoprofs, mais rien de ce qu'il y était conseillé n'a marché. J'ai vraiment pensé renoncer et repartir en entreprise. J'en ai parlé à mon inspectrice qui m'a dit que vous pourriez peut-être m'aider pour que ce cauchemar ne se renouvelle pas l'année prochaine.

– J'en serais ravie évidemment. Mais comme elle a dû vous le dire, moi, je ne vais pas faire grand-chose, si ce n'est explorer avec vous ce que vous avez mis en place et qui n'a pas marché, et vraisemblablement vous proposer d'essayer l'inverse. Vous allez donc sûrement devoir mettre en œuvre des choses très différentes, et qui pourraient bien heurter votre bon sens et votre vision du monde si vous voulez que les choses changent entre eux et vous.

Dites-moi un peu pour commencer : comment vous y êtes-vous pris pour tenter de rétablir le calme, tout en essayant de préserver la relation avec eux, parce que j'ai l'impression que ce **deuxième objectif est capital pour vous ?**

– J'ai essayé de mettre en place un dispositif punitif qui soit à la fois équitable et porteur d'apprentissages pour les élèves. Je le leur ai très précisément expliqué, j'ai pris une heure de cours pour ça. Je l'ai modifié plusieurs fois pour qu'il soit le plus juste possible, parce qu'à chaque fois un ou plusieurs élèves venaient négocier une dérogation avec de plus ou moins bons motifs… et c'est vrai que, souvent, je cédais à leurs demandes parce qu'ils avaient vraiment l'air de trouver ça injuste, et pour moi c'était essentiel que nous soyons d'accord sur les règles. Un peu comme si nous avions signé un contrat.

– Expliquez-moi un peu comme si j'avais environ 5 ans, car je suis dyscalculique développementale, ce fameux dispositif équitable et porteur d'apprentissages.

François déroule alors devant moi, en inscrivant des signes cabalistiques (de mon point de vue) sur une feuille de papier, un dispositif incroyablement complexe :

– Pour ne pas les prendre au dépourvu, avant les remarques inscrites sur leur carnet (qui ont un statut disciplinaire et donnent lieu au bout de trois à une colle le mercredi), j'ai ajouté ce que j'appelle des observations. Ce sont des feuilles volantes avec des exercices que je prépare en amont (j'en fais autant qu'il y a d'élèves pour être sûr de ne pas en manquer) et il y a un petit papillon agrafé à chaque feuille d'exercice qui indique le motif. Donc, oubli d'affaires, exercice non rendu, bavardage, insolence, etc. J'ai été obligé d'ajouter une rubrique « autres » parce que les papillons sont trop petits pour faire la liste de tout ce qu'ils sont capables d'inventer. Ce sont des exercices que je corrige ensuite, mais il n'y a pas de mot dans le carnet ; c'est ce que j'appelle une punition juste et intelligente parce qu'en plus ils apprennent les maths.

– En effet, c'est tout à votre honneur.

– S'ils font l'exercice et me le rendent le cours d'après, on repart de zéro au niveau de leur compteur disciplinaire « informel », même s'ils l'ont mal fait. S'ils ne me le rendent pas, je leur en donne encore deux avant de passer à la remarque sur le carnet.

Mais, par exemple, s'ils me rendent feuille blanche, au début, je considérais qu'ils ne l'avaient pas fait et donc ça comptait pour une observation. Ils sont venus me voir à la fin de l'heure en disant que la règle n'était pas claire, qu'ils pensaient que rendre feuille blanche ça comptait pour repartir à zéro. J'ai expliqué que feuille blanche, c'était comme s'ils n'avaient rien fait et ils m'ont dit : « Donc, si on n'a rien compris, on est puni, c'est superinjuste… » Donc j'ai accepté la feuille blanche. Un peu vite, parce que j'ai bien compris qu'à partir de là ils rendaient feuille blanche à chaque fois.

Donc pour corriger ce biais, j'ai inséré la notion de corrigé, c'est-à-dire que lorsqu'ils rendaient feuille blanche à leur observation/punition, je mettais sur leur feuille les endroits où aller chercher dans le livre pour pouvoir répondre correctement aux exercices. Là en revanche, s'ils rendaient encore feuille blanche à la séance d'après, ça comptait pour une observation. Mais s'ils rendaient l'exercice au moins partiellement corrigé, alors on repartait à zéro. Avec néanmoins une petite subtilité...

– Pardonnez-moi de vous interrompre, François, lui dis-je, comme saisie d'une sorte de migraine purulente, ça doit vous prendre un temps incroyable pour préparer les exercices, les corriger, ensuite reprendre les copies pour indiquer les pages du livre où chercher les solutions, non, je veux dire en dehors des subtilités que vous ne m'avez pas encore expliquées ?

– Oui, pas mal de temps. Je fais ça le soir.

– C'est plutôt vous qui êtes puni, j'ai l'impression... Beau dispositif d'autotorture, bravo !

– Oui, c'est vrai... Ce qui m'embête surtout, c'est que ça ne fonctionne pas très bien parce que, très rapidement, ils sont venus me voir pour se plaindre qu'ils n'avaient pas le temps de faire tous les exercices que je leur donnais et ils ont négocié de les rendre avec un délai d'une semaine supplémentaire ; j'ai accepté parce que je me suis dit qu'en effet c'était un peu court, même si c'était de leur responsabilité puisque s'ils avaient été moins pénibles en cours, ils n'auraient pas eu à les faire... Mais, vous comprenez, je voulais être le plus juste possible... Du coup, il a fallu que je fasse un tableau Excel pour ne pas m'emmêler les pinceaux entre les différentes classes. Sauf qu'évidemment, j'ai oublié un élève un jour et que les autres qui avaient rendu feuille blanche sur une correction sont venus me voir pour négocier un délai supplémentaire. « Y a jurisprudence, M'sieur », disaient-ils.

Bref, à partir de là, à chaque fin de l'heure, c'était encore plus le bureau des pleurs et pendant l'heure, le bazar. J'avais vraiment l'impression de m'enfoncer de plus en plus dans un labyrinthe. Puis, il y a eu le coup de grâce du bus et, depuis, j'y vais le ventre noué, je continue mon dispositif et ses dérogations parce que je ne vois franchement pas quoi faire d'autre, mais je suis de plus en plus mal et eux me méprisent de plus en plus. Je le ressens très violemment, j'ai presque du mal à les regarder dans les yeux.

– Je suis vraiment très touchée par tout ce que vous tentez de mettre en place pour que tout le monde et surtout vos élèves s'y retrouvent, mais j'ai comme l'impression, qu'à l'instar d'un certain nombre de leurs contemporains, ces derniers se délectent de votre obsession de justice, et plus précisément de la culpabilité que génère chez vous la plus infime possibilité qu'elle soit mise à mal. Ils en usent et en abusent précisément parce que cela fonctionne : ils négocient avec succès toutes les punitions en se servant de cette culpabilité *a priori*, et votre autorité en est littéralement sapée.

– Peut-être, mais la justice, l'équité, ce sont des valeurs cardinales ? C'est aussi de notre responsabilité de le leur faire comprendre. Non, franchement, je ne vois pas comment faire autrement.

– Absolument, mais malgré tous vos efforts, ils ne vous respectent pas, ils n'apprennent rien, et j'ai même le sentiment qu'en matière de valeurs fondamentales ils font un apprentissage que vous n'avez pas du tout envie qu'ils fassent, c'est qu'en étant de mauvaise foi on peut obtenir des choses dans la vie. La sincérité et l'honnêteté aussi sont des valeurs cardinales, et vous ne leur inculquez pas en les laissant négocier avec vous de cette façon. C'est-à-dire, et c'est paradoxal, je vous l'accorde, en voulant à tout prix et de façon illusoire mettre en place un procédé disciplinaire qui soit parfaitement juste.

– Vous n'allez quand même pas me demander d'être injuste ? Parce que mon inspectrice m'a dit que vous préconisiez des choses bizarres, mais quand même !

– …

– Vous n'êtes pas sérieuse ? Comment est-ce que je pourrais faire quelque chose d'aussi peu… moral ?

– Eh bien en leur annonçant dès le prochain cours que vous vous êtes rendu compte que le dispositif de punition équitable et porteur d'apprentissages que vous tentiez de mettre en place, et que vous avez de surcroît essayé d'adapter tout au long de l'année, ne fonctionne pas. Que vous avez donc décidé de faire l'inverse. C'est-à-dire d'être injuste et que ça allait sans doute être horrible pour tout le monde, mais qu'à partir de maintenant, dès qu'un élève allait avoir un comportement qui vous dérange, vous allez punir un autre élève au hasard, ce qui est évidemment le comble de l'injustice.

Pour éviter d'avoir un bureau des pleurs multiplié par dix en fin de cours, vous annoncerez également que votre stock de dérogations est épuisé et qu'il ne servira à rien de venir vous voir à l'interclasse. Auprès de ceux qui ne manqueront pas de tenter de vous culpabiliser quand même, il faudra tenir en rappelant : « Je vous avais dit que, désormais, je serai injuste. Comme la vie. » Je vous propose d'essayer ça une semaine, et nous verrons quel impact cela a sur leurs comportements en cours.

– Impossible, c'est vraiment méchant. Ça va à l'encontre de toutes mes valeurs.

– Je le comprends parfaitement, François. C'est un choix assez cornélien et j'en suis désolée pour vous : soit vous restez en conformité avec cette valeur de justice qui vous tient tellement à cœur, choix que je respecterai infiniment, et ils continueront à s'en servir pour mettre votre autorité à mal ; soit vous décidez d'y renoncer au moins en ce qui concerne le dispositif disciplinaire en cours de maths avec les cinquièmes, et ils n'auront plus ce pouvoir sur vous. Je vous laisse donc y réfléchir, et vous me recontacterez dès que vous aurez pris une décision. Je comprendrais parfaitement que votre amour de la justice prévale.

Mon associée et brillante praticienne, Nathalie Goujon, qui me faisait le plaisir de me suivre ce jour-là, me regarda d'un air dubitatif à la fin de cette difficile séance : « Il ne le fera pas. » Vexée (car très satisfaite intellectuellement de ma stratégie et néanmoins émotionnellement d'accord avec Nathalie), je répondis :

– Pourtant, c'est vraiment à 180°, ce serait superefficace à mon avis.

– Sans doute, mais trop à l'opposé de sa vision du monde.

Un virage impossible

Je reçus une semaine plus tard un mail de François :

Madame,

Je viens par la présente vous faire part de ma décision, comme convenu lors de notre dernière séance. Je me sens totalement incapable de mettre en place ce que vous m'avez suggéré, même si je veux bien admettre que cela pourrait peut-être s'avérer efficace pour faire rentrer mes élèves dans le rang. Je ne pourrais pas supporter en effet que ces derniers, leurs parents, mes collègues ou même mon chef, puissent me considérer comme quelqu'un d'injuste, parce que je ne le suis pas et, surtout, je ne veux pas le devenir.

Je vais donc continuer à tenter d'être le plus juste et équitable possible pendant mes cours et si cela ne devait pas mieux fonctionner l'année scolaire prochaine, je prendrais les décisions qui s'imposent pour mon avenir professionnel.

Bien à vous.

Comme souvent (au jeu des pronostics thérapeutiques, toute l'équipe se demande souvent qui peut la battre), Nathalie avait raison. J'avais bien l'impression d'avoir passablement énervé François, ce qui est quand même un comble pour quelqu'un dont le métier est d'apaiser.

Lorsque nous proposons une alternative stratégique à nos patients (c'est-à-dire que nous les plaçons devant le choix entre continuer à faire ce qu'ils font depuis longtemps et qui ne fonctionne pas, et l'inverse qui n'est pas sans inconvénients non plus), nous veillons scrupuleusement à leur laisser l'entière responsabilité de la décision, et à ne pas tenter de les faire basculer du côté d'un changement radical (même si c'est un exercice difficile, singulièrement pour les thérapeutes débutants qui ont toujours très envie de faire lâcher les tentatives de régulations inopérantes à leurs patients).

Notre conviction est en effet que, dans ce type de situation, le fait de choisir en ayant toutes les conséquences possibles en tête est en soi un gage d'apaisement. C'est au fond ce choix qui constitue un 180° puisque, jusque-là, ils espéraient avoir les avantages des deux voies en n'en choisissant aucune.

Ici, le fait que François choisisse de maintenir son objectif de justice est très différent de ce qu'il faisait auparavant, parce qu'il a très bien compris que cela risquait fort de maintenir le problème qu'il a avec ses classes. Il ne le fait donc plus dans l'objectif de les faire adhérer à son cours et pour se faire apprécier, mais parce qu'il a décidé, en toute connaissance de cause, que le respect de cette valeur était au fond plus important que l'exercice serein de son métier. Ce sera forcément beaucoup moins frustrant parce qu'il n'en attendra plus rien en termes de sérénité retrouvée. Mais les interactions risquent de rester difficiles avec ses élèves, qui continueront à se saisir de ce levier très puissant.

Cette certitude thérapeutique ne nous empêche donc pas d'être déçus lorsque les enseignants que nous accompagnons décident de persister dans ce qui, selon nous, alimente leur souffrance au quotidien.

La question que nous nous sommes posée après la lecture de ce mail est la façon dont j'aurais pu m'y prendre mieux pour lui donner envie de stopper ses tentatives de régulation.

J'aurais pu lui dire que le fait même de tenter à tout prix d'être juste, équitable et de ne pas entrer en conflit avec ceux qui venaient négocier, était extrêmement injuste pour ceux qui auraient aimé travailler. Parce que ces négociations réussies alimentaient le chahut en classe et donc l'impossibilité de travailler pour ceux qui l'auraient souhaité. La certitude qu'il serait injuste avec certains de ses élèves en continuant comme il le faisait aurait pu sans doute le convaincre davantage, puisque c'était là ce qui était le plus important pour lui.

J'aurais pu aussi lui faire remarquer que, pour un défenseur acharné de la justice, il était paradoxal qu'il les laisse tous être aussi horriblement injustes avec lui, qui faisait son maximum pour qu'ils progressent sans qu'ils en tiennent compte une seconde. Qu'en mettant en place notre tâche de l'élève puni au hasard, il leur enverrait un message qui pourrait les rendre nostalgiques de ce qu'il avait tenté de mettre en œuvre auparavant et qui était, en effet, profondément juste.

Sans doute eut-ce été plus conforme avec sa vision du monde et donc plus acceptable. Nous ne le saurons jamais.

Et je m'en voudrais toujours de ne pas avoir aidé mieux François.

4.
Je ne dois laisser aucun élève sur le bord de la route

Ce sont surtout des enseignants en Segpa qui m'ont fait part de la prégnance de ce message implicite dans leur quotidien – ne laisser aucun élève sur le bord de la route – et de la culpabilité qu'il ne manquait pas de générer à chaque fois que tel n'était pas le cas.

Cette « consigne » est à la fois très compréhensible (c'est évidemment dans ce type de sections que le risque de décrochage prévaut avec les conséquences que l'on connaît, et chacun doit tout mettre en œuvre pour mobiliser ces élèves) et éminemment paradoxale, puisque, pour certains d'entre eux, ce qu'ils ressentent *a priori* de la part de la société en général, c'est qu'ils ont déjà été laissés au bord de la route.

Lorsque les élèves de Segpa parlent de leurs camarades de section générale, ils les appellent d'ailleurs « les normaux ».

Segpa est également utilisé comme insulte dans les cours du collège par certains dits normaux.

Ce qui rend encore plus prégnant et donc problématique le message découragé et décourageant qu'on envoie à ces élèves. Car les évaluations implicites, et partagées par la majorité (dont également d'ailleurs la partie ainsi évaluée) sont toujours plus puissantes que les évaluations explicites et officielles.

Comme l'explique Bateson : « Les signaux implicites sont évidemment d'un type logique supérieur à celui des messages qu'ils classent. Chez les humains, la formalisation et la classification des messages et des actions signifiantes atteint une grande complexité avec, en outre, cette particularité que le vocabulaire qui peut exprimer des distinctions si importantes est pourtant très peu étendu ; si bien que, pour la communication de ces informations hautement abstraites et d'une importance vitale, il faut recourir à des moyens non verbaux : attitudes, gestes, expressions du visage, intonations, ainsi qu'au contexte[1]. »

Observez l'attitude de votre interlocuteur si vous lui dites que votre enfant poursuit ses études en Segpa. Vous aurez une bonne illustration de ce que l'implicite est toujours plus puissant que l'explicite. Et que lorsque les deux sont en opposition, c'est donc l'implicite qui prime dans la communication et dans la valeur attribuée à ce qu'il qualifie.

---

1. Gregory Bateson, *Vers une écologie de l'esprit*, Paris, Seuil, 1980.

Quoi que vous fassiez, vous serez en échec

Le paradoxe involontairement infligé aux professeurs qui y enseignent éclate dans toute sa splendeur quand on lit la définition de la mission ainsi confiée aux sections d'enseignement général et professionnel adapté : comme précisé par la circulaire n° 2015-176 du 28 octobre 2015, elles doivent accueillir et assurer la construction d'un projet personnel d'orientation à *tous* les élèves présentant des difficultés scolaires graves et durables auxquelles n'ont pu remédier les actions de prévention, d'aide et de soutien.

Nous demandons donc à des hommes et des femmes plutôt jeunes et inexpérimentés, ayant une formation de professeur des écoles, c'est-à-dire centrée sur des matières très académiques, de réussir là où tout le monde a préalablement échoué en employant les mêmes méthodes d'aide et de soutien, plus personnalisées, certes, mais au fond de nature similaire.

Il est encore une fois parfaitement logique de le fixer comme objectif (même si le « tous les élèves » me semble le transformer *a priori* en coquille vide de sens), mais il est essentiel aussi de ne pas faire reposer implicitement sur les épaules des seuls enseignants sa non-atteinte inévitable pour une grande majorité des élèves concernés. Parce que nous sommes ici dans une situation que toute personne censée ne peut vivre que comme très déprimante :

- Soit ils essaient et n'y parviennent pas dans une grande majorité de cas, ce qui est une réalité chiffrée[1], et ce sont de mauvais enseignants ou, en tout cas, des enseignants qui ont échoué.
- Soit ils n'essaient pas, et ce sont de mauvais enseignants parce qu'ils n'ont même pas essayé.

Quoi qu'ils fassent donc, ils seront des enseignants en échec.

Ce qui est le propre d'une injonction paradoxale : quelle que soit la réponse qu'on y apporte, on a faux. Rien de tel pour paralyser.

Or c'est précisément à ces mêmes personnes que l'on demande d'être beaucoup plus motivantes que la moyenne de leurs collègues avec des élèves *a priori* démotivés.

Double paradoxe.

Qu'il est parfois apaisant de savoir souligner, justement auprès de ces élèves qui ne sont pas dupes. Sinon, si l'enseignant fait sienne

1. Une part importante des élèves de Segpa (58 %) est sortie du système scolaire sans obtenir un diplôme. Certains ont abandonné leur scolarité avant d'atteindre la classe de troisième Segpa ou à la fin du collège, d'autres durant la préparation d'un diplôme professionnel. Paul-Olivier Gasq, Claudine Pirus, DEPP-B1, *Note d'information*, n° 2, janvier 2017.

l'injonction de la réussite individuelle de chacun et se bat pour tenter d'en convaincre des élèves parfois désabusés, il est contraint d'individualiser terriblement son enseignement pour tenter d'y parvenir.

Et comme l'indique Daniel Calin, formateur d'enseignants spécialisés : « Une “différenciation pédagogique” trop radicale menace toujours d'atomiser la classe. Or, une classe atomisée, réduite à une simple juxtaposition d'individus, une classe que l'on pourrait dire “inorganique”, contraint le maître à un **autoritarisme “à bout portant”**. Seul l'exercice direct de l'autorité du maître sur chacun des élèves peut contenir chacun, “mettre chacun à sa place” et contrôler les interactions entre chacun et tous. On dérive alors très vite, inéluctablement, vers une anti-pédagogie du bras de fer permanent, qui n'est humainement pas satisfaisante, qui menace d'épuiser très vite l'énergie du maître et qui est pour le moins très peu “rentable” en termes d'apprentissage[1]. »

1. *In* « La classe qui nous échappe », texte issu d'une conférence donnée à Nice le 11 avril 2012, organisée par l'Association des maîtres des Alpes-Maritimes, avec l'appui du département ASH de l'IUFM, de l'Inspection académique et du rectorat.

Ce n'est pas une bonne prof, Madame, mettez-lui zéro

J'ai reçu un jour Justine, une enseignante encore loin de la trentaine, qui s'assoit très raide sur le fauteuil en face de moi : elle a, chuchote-t-elle avec difficulté, un lumbago qui la fait souffrir depuis plusieurs jours.

– J'enseigne le français et l'histoire-géo à des classes de quatrième Segpa. Enfin, plutôt, je tente en vain d'enseigner ces matières. C'est ma deuxième année, mais je ne suis pas sûre de tenir. C'est en tout cas ce que semble me dire mon corps, sourit-elle faiblement. Et nous ne sommes qu'en février.

– Qu'est-ce que vous attendez de moi ?

– En fait, je ne crois pas que vous puissiez m'être d'une utilité quelconque en dehors de celle de m'écouter, parce que si je ne trouve pas une oreille extérieure, je vais finir par déprimer tout mon entourage.

C'est en réalité une situation insoluble par nature. Ils n'ont pas envie d'apprendre. En tout cas, moi je n'arrive pas à leur donner envie. Quand je lis ces articles où certains profs de Segpa disent qu'ils ont plus appris de leurs élèves qu'ils ne leur ont appris, je suis contente pour eux et assez admirative ; moi, ce qu'ils m'ont appris pour l'instant, c'est à éviter les jets d'un certain nombre d'objets, à faire croire (un peu) que je n'avais pas peur d'eux, à effacer sans broncher les insultes sexistes sur le tableau et à énormément crier. Quant à ce que je leur ai appris, je dirais : rien.

– Racontez-moi, si ce n'est pas trop douloureux, une récente séquence en classe particulièrement pénible.

– Hier. Lucas et Tristan se moquaient ouvertement de Cassandra en la traitant de « tepu », à voix haute, exactement comme si je n'étais pas là. Je m'interpose et leur demande d'arrêter. Lucas me regarde en ricanant et me dit : « Ferme ta bouche » puis, quand je hausse le ton, se lève en disant : « Je me casse. C'est trop de la merde. » Je lui demande de revenir. Il part quand même, je lui cours derrière, en me disant que c'est n'importe quoi de laisser la classe sans surveillance, mais je ne veux pas perdre la face une fois de plus. J'attrape son sweat par la capuche, il se retourne et me dit d'une voix hypermenaçante : « Lâche-moi, la vieille, tu sers à rien. » Je l'ai lâché en me disant : « C'est dingue, j'ai 25 ans et je me fais traiter de vieille ! » il y a vraiment quelque chose qui ne tourne pas rond. Pour ce qui est de ne servir à rien, il ne m'apprenait pas grand-chose.

Je suis revenue en classe où évidemment un chahut invraisemblable s'était installé. J'ai prévenu le gardien et la vie scolaire pour qu'ils essaient d'intercepter Lucas, mais je n'ai pas pu faire cours, j'ai passé mon temps à crier sur les autres pour qu'ils se calment. Puis j'ai pleuré un bon coup à l'interclasse et j'ai continué ma journée. C'est depuis que j'ai le lumbago.

– Un vrai cauchemar. C'est de pire en pire selon vous ?

– Oui, c'est mon impression. Un des jours les plus épouvantables, c'est quand mon inspectrice est passée et que Noémie a lancé : « C'est pas une bonne prof, Madame, mettez-lui zéro. » Et que toute la classe a rigolé. C'était à la fois vrai et méchant. Je déteste cette gamine depuis ça, même si je sais que ce n'est au fond pas de sa faute, je la déteste.

– Vous avez répondu quoi ?

– Un truc horrible du genre : « Ben comme ça, on est tous nuls. » Je n'ai pas eu une bonne évaluation, je crois que ma réponse a choqué l'inspectrice (d'autant que je l'ai mise dans le lot des tous nuls), ce que je comprends, mais c'est comme si j'étais en permanence en situation d'autodéfense.

D'ailleurs, quand elle m'a fait remarquer que les cahiers de suivi de sept d'entre eux n'étaient pas remplis depuis plusieurs semaines et qu'elle m'a rappelé la mission de service public qui était la mienne, j'ai répondu que la fonctionnaire aimerait bien être mutée en dernière année de maternelle, là où rendre service au public, c'est un tout petit peu moins hard. Ce n'était pas très intelligent de ma part. Je n'aurais jamais dit une chose pareille il y a ne serait-ce que six mois, mais là, je n'en peux plus, je ne supporte plus aucune critique.

– Quand vous criez pour obtenir un peu de calme, vous criez quoi ?

– Sortez votre livre, taisez-vous, écoutez, réveillez-vous, vous allez vraiment mal finir si vous êtes incapables de lire et écrire, vous êtes vraiment insupportables, vous ne trouverez jamais de job, je ne vous supporte plus et si vous continuez comme ça, personne ne vous supportera, vous êtes les pires élèves que j'ai jamais rencontrés. Toute une série de vérités qui ne les font pas du tout bouger.

Ce qui me rend le plus mal, je pense, c'est le fait que Cassandra et Leïla qui essayaient d'écouter, qui même au début de l'année, avant que ça dégénère totalement, posaient des questions, surtout en histoire-géo, et qui, depuis novembre, non seulement ont abandonné mais me regardent avec colère. Parce que je ne suis pas capable de me faire respecter et de faire mon métier. Et parce que je deviens méchante, je le sais, sans d'ailleurs que cela ait le moindre impact sur eux.

– Je vais vous poser deux questions étranges : imaginons un Prix Nobel de pédagogie de 60 ans qui aurait travaillé avec des enfants en difficulté dans le monde entier ; combien d'élèves sur les dix-huit que vous avez dans cette classe parviendrait-il à intéresser au français et à l'histoire-géo ?

– Une dizaine sans doute, j'imagine. Parce que franchement, l'histoire-géo et le français, ils s'en fichent, ils pensent réellement que cela ne leur servira à rien.

– D'accord. Donc, avec tout le respect que je vous dois, j'imagine que vous ne feriez pas aussi bien qu'une sommité internationale en pédagogie ?

– Non.

– Donc, vous, à 25 ans, dans ce contexte particulièrement délétère, alors que vous êtes épuisée et que la relation est très dégradée entre eux et vous, combien d'élèves pourriez-vous motiver ?

– Quatre ?

– Vous êtes bien optimiste, à la limite de l'arrogance, souris-je, mais prenons-le comme un challenge.

Deuxième question : pensez-vous que si ces quatre élèves apprennent un certain nombre de choses en français et en histoire-géo, cela pourra réellement leur permettre de mieux se trouver une place dans la société ensuite ?

– Oui. Parce que s'ils décident de passer un CAP, ils auront une meilleure orthographe, une meilleure culture générale et que ça peut faire toute la différence.

– En même temps, les CAP dont nous parlons ouvrent la porte à des postes qui, au moins dans un premier temps, sont payés au Smic avec statistiquement assez peu d'évolutions possibles.

– Oui. Des jobs d'esclave, comme ils disent.

– Essayer de leur faire croire le contraire est à mon avis voué à l'échec et vous place immédiatement dans une relation qui les met en colère. Ils ne vous croient pas, vous n'y croyez pas vous-même, et pourtant vous persistez à leur hurler que s'ils se concentrent pendant vos cours et se mettent au travail, cela ira bien mieux pour la suite de leur vie. Ce mensonge dont ni eux ni vous n'êtes dupes est au fond extrêmement méprisant vis-à-vis d'élèves qui ont déjà la sensation que la société ne les respecte pas. C'est assez surréaliste comme combat et il est finalement assez logique que cela se termine en carnage, non ?

– D'accord, mais je ne vous suis pas. Je ne vais quand même pas leur dire que quoi qu'il arrive, ils auront un job d'esclave et que donc, le mieux, c'est qu'on ne fasse rien, ni eux ni moi ? Vous me ferez un mot pour mon inspectrice ?, me demande Justine qui n'a pas perdu son sens de l'humour.

– Vous avez raison, cela peut paraître bizarre et en plus ce serait extrêmement compliqué de changer de façon aussi radicale. Et ce, d'autant plus que, comme vous me l'avez clairement dit, c'est plutôt une oreille attentive que des solutions que vous êtes venue chercher ici. Donc, pardonnez-moi, je vous écoute.

– Non, mais si vous pensez que l'on peut faire des choses pour que ce soit moins un calvaire pour moi, je suis prête à les essayer.

– Non, essayer ne changera rien, il faudrait vraiment le faire. Pardonnez-moi, je me suis emballée, parce que ça m'ennuie de vous voir embourbée dans cet horrible marécage, mais franchement, ce serait beaucoup trop risqué et compliqué de changer quoi que ce soit. Je vous écoute.

– Dites-moi quand même ce à quoi vous pensiez, au point où j'en suis de toute façon…

– Eh bien, surtout ne le faites pas pour l'instant, vous n'êtes pas prête, mais ce serait intéressant, je pense, d'y réfléchir ; que se passerait-il si la prochaine fois que vous vous trouvez face à eux, vous leur disiez la chose suivante : « J'ai bien réfléchi et je m'en veux de ce qui se passe dans cette classe depuis le début de l'année. C'est de ma faute, je me suis dit que pour vous motiver, il fallait que je vous explique que vous vous en sortiriez mieux dans la vie si vous écoutiez en cours et si vous travailliez. En réalité, ce n'est pas vrai. Parce que même si certains d'entre vous progressent en français et qu'ils réussissent un CAP, ça leur apportera quoi ? Un Smic ? Avec lequel ils pourront à peine survivre ? À quoi bon tout ça ? Je n'ai plus envie de vous mentir ; si vous apprenez quelque chose, ça ne sera rien d'autre qu'un peu de culture. Et vous le savez très bien, la culture, à part un peu de liberté, ça n'apporte pas grand-chose. Comme nous sommes d'accord sur le constat, je n'ai plus besoin de me battre avec vous. Je serais ravie de vous apporter un peu de liberté. Pour le prouver, je vais vous laisser en décider. Dorénavant, je dirai en début de cours le sujet du jour : ceux qui n'auront pas envie d'écouter iront au fond avec des BD que j'ai achetées exprès et ceux qui veulent écouter viendront devant. J'ai même prévu des coussins pour ceux qui voudront dormir afin qu'ils soient mieux installés. »

– C'est une blague ? Imaginez la tête du chef ou de mon inspectrice s'ils entrent et que Lucas ou Noémie est en train de dormir au fond de la classe ; la tête sur un coussin en plus ?

– Ils feraient quelle tête en entrant dans votre classe aujourd'hui ? Alors même que vous n'y êtes pas parce que vous tentez de retenir Lucas par sa capuche dans le couloir.

– …

– Je me disais qu'il est primordial que vous vous prépariez mentalement au fait qu'ils aillent tous au fond. Et que vous ayez d'autres choses à faire pendant l'heure de cours. Si tel est le cas et ce le sera sûrement, il faudrait vraiment que vous ayez l'air très affairée pendant toute l'heure, pour leur prouver votre détermination à ne plus essayer de décider à leur place s'ils veulent écouter ou pas.

– Mais… s'ils ne font rien d'ici à juin ?

– Je vous rappelle que, selon vous, depuis septembre, ils n'ont pas fait grand-chose, ce ne serait donc pas une chute vertigineuse. Par ailleurs, si jamais vous étiez prête à mettre en place une stratégie aussi révolutionnaire, ce qui, je vous le rappelle, n'est pas le cas :

1. Vous préviendriez le chef d'établissement que vous tentez une expérience de deux semaines. Un des avantages d'enseigner en Segpa, vous le savez mieux que moi, c'est la plus grande autonomie en matière de pédagogie, autant en profiter.
2. Nous ferions un point au bout de quinze jours pour voir ce que cette stratégie a produit. Nous en tirerons les conséquences pour la suite à donner. Notamment par rapport à l'objectif, je le rappelle, considérable, de quatre élèves à remobiliser. Si c'est pire qu'avant, alors c'est que ma stratégie était mauvaise.

– Je me dis que du coup, pour le premier cours non obligatoire, je vais parler du harcèlement, c'est ce qui avait intéressé Cassandra et Leïla en début d'année, répond Justine après une longue minute de silence, et on peut aborder plein de notions importantes à travers ça.

– Bonne idée, comme ça, si elles ne sont pas trop en colère contre vous, elles accepteront peut-être de vous écouter. Ou peut-être pas, je préfère que vous vous prépariez à ce deuxième scénario qui est de loin le plus probable. Et que vous ayez bien en tête que la seule chose qui compte, c'est que vous arrêtiez de boxer dans le vide.

Enfin, pas maintenant, mais quand vous serez prête à prendre ce virage à 180°, lui dis-je en souriant.

Comme souvent dans ce genre de situations, nous n'avions pas du tout prévu ce qui arriva. Au moment de l'annonce, que Justine fit quelques jours après notre séance, le silence était complet dans la classe. Noémie, que Justine avait entendu parier en début d'année qu'elle la ferait pleurer avant les vacances de février, fut la première à réagir : « Vous êtes pas sérieuse ? Vous devez nous obliger à suivre votre cours, sinon vous faites pas votre taf. Vous êtes vraiment nulle comme prof. » Savoureux paradoxe que celui d'une jeune fille rebelle qui demande à son enseignante de la forcer à travailler, alors même qu'elle a passé les six premiers mois de l'année les pieds sur la table à exhiber son vernis et son mécontentement d'être là. « Rien que pour cette réplique mythique, je suis contente d'avoir eu le courage de le faire », me raconte Justine.

Astucieusement, elle répondit à Noémie : « Oui, je me suis rendu compte que tu avais raison, je ne suis pas une bonne prof, je suis trop jeune, c'est pour ça que je ne suis capable d'enseigner qu'à ceux qui ont envie, pas aux autres. Je suis désolée. Donc le cours d'aujourd'hui portera sur le harcèlement. Toutes les formes de harcèlement, est-ce que ça intéresse quelqu'un ? J'imagine que non. Je vous laisse vous installer au fond. » Noémie a quitté le cours en disant que si on ne les forçait pas, elle préférait partir. Elle est allée se plaindre à la CPE qui, avertie au préalable par Justine de notre révolutionnaire stratégie et assez amusée, lui a proposé de rester en étude.

Elle est revenue en cours de français la semaine suivante, s'est installée au fond de la classe en maugréant. Et s'est endormie sur un coussin. Ce jour-là et ceux qui suivirent, les autres élèves sont restés à leur place. Justine a proposé plusieurs fois à certains d'aller se reposer au fond quand ils montraient des signes de désintérêt les semaines suivantes, mais aucun n'y est allé.

La dernière fois que je l'ai vue, elle avait participé au concours de clips de l'Éducation nationale contre le harcèlement scolaire avec ses classes de Segpa. Elle espérait bien remporter au moins un prix. Mais elle attendait aussi avec impatience sa prochaine mutation dans une école maternelle.

Le risque de procès en déshumanisation et absence d'éthique

Certains chercheurs, dont Hélène Veyrac et Julie Blanc, posent la question suivante dans l'une de leurs études : « Est-ce que c'est encore bien faire son travail d'enseignant que de ne pas prendre en charge l'ensemble des élèves de la classe[1] ? »

Leur questionnement porte sur la déshumanisation de la relation enseignant-élève et leur conclusion indique que cette stratégie est souvent justifiée par l'intention de l'enseignant d'agir efficacement et le besoin de se protéger, mais qu'elle pourrait avoir une répercussion négative sur les élèves.

Les débats qu'elles rapportent à propos de cette stratégie au sein des différentes équipes éducatives sont très instructifs :

« *Prof. 2 : Jusqu'où on doit aller, jusqu'où on fait ?*
CPE : Ça s'appelle de l'acharnement.
Prof. 1 : Oui, c'est comme en médecine.
Prof. 4 : De l'acharnement éducatif.
CPE : Mais c'est aussi la question de savoir quel est le boulot du prof ; parce que si on se dit que le boulot du prof, c'est faire le programme, ben

1. Sachant qu'ici l'action est encore plus structurante, puisque Justine a même envisagé de ne prendre en charge **aucun** des élèves de la classe.

à la limite, il fait son programme, à la fin de l'année, il a fini le programme. Il y a peut-être 50 % des élèves qui ont peut-être pas suivi son programme, mais il a fait son programme. Mais il peut se dire : « J'ai fait mon travail. J'ai fait le programme. »

Prof. 4 : Ben il faut le faire [le programme].

CPE : Et à la limite, même s'il en a laissé 50 % sur le côté, il a fait son travail.

Prof. 1 : Ben au regard de la commande de l'État, il a fait son taf.

CPE : Il a fait son travail, et puis à côté de ça, on peut se dire : « Ben je fais pas le programme et au lieu d'en emmener 50, je vais en amener 90 à 50 % du programme. » Qui a raison ?

Prof. 1 : Chacun fait des choix.

CPE : Chacun fait des choix, en fonction des classes, en fonction des cours, en fonction des élèves.

Prof. 2 : C'est pas facile[1]. »

Comme l'indiquent les auteures : « Vis-à-vis de la stratégie de non-prise en charge, l'explication des raisons qui amènent à adopter la stratégie, du point de vue de l'enseignant, domine les débats. »

---

1. Hélène Veyrac, Julie Blanc, « Relations professeurs-élèves en lycée, trois stratégies d'enseignants mises en débat », Éducation et formations, Ministère de l'Éducation nationale, 2015, p. 185-200.

Des conséquences sur l'élève, il est effectivement finalement très peu question.

Ce qui, de mon point de vue, est logique, puisque, par définition, s'il y a élaboration d'une stratégie, c'est qu'il y a problème et s'il y a problème, c'est que l'enseignant ne remplit pas le rôle bienveillant et efficace que la société dans son ensemble attend de lui ; il va donc, sans même s'en rendre compte, partir du principe que ce n'est sans doute pas satisfaisant pour les élèves concernés, mais qu'il a de bonnes raisons (plus autoprotectrices que pédagogiques) d'adopter cette stratégie.

Ce que les auteures de l'étude appellent « une efficacité professionnelle aveuglante » qui fait, que culpabilisés *a priori* d'être considérés (ou de se considérer) incompétents dans leur mission d'enseignant, ils vont en expliquer les causes par leur volonté de bien remplir leur mission de transmission des savoirs au plus grand nombre (le souhait de ne pas entrer en conflit, l'inefficacité de l'acharnement éducatif, la nécessité d'un choix à faire, le renoncement « volontaire » de certains élèves...) plutôt que de vouloir en analyser les conséquences sur les élèves et leur motivation.

Et c'est bien dommage.

Parce que je pense qu'en y réfléchissant à cette aune, les enseignants concernés se rendraient rapidement compte qu'il est au contraire profondément plus humanisant et éthique de responsabiliser des élèves en difficulté que de s'acharner à les prendre en charge contre leur gré. Comme le montre l'exemple de Justine.

Évidemment, si les cours fonctionnent bien, que les élèves progressent, que le climat est bon, il n'y a aucune raison de changer, ce serait même profondément antiproductif.

Mais lorsque chaque heure de cours est une guerre et que l'escalade symétrique fait du mal autant aux enseignants qu'aux élèves, le fait non pas d'abandonner ces derniers mais de les responsabiliser, en leur redonnant le choix, choix qu'ils ont perdu depuis longtemps (si tant est qu'ils l'aient eu un jour) peut, au contraire de ce que pensent certains, remettre une belle dose d'humanité et de respect dans les interactions enseignants-élèves.

Ce qui est essentiel ici, ce sont les modalités de la responsabilisation : il est absolument différent d'annoncer calmement (parce qu'on l'a préparé) à une classe qui a décroché qu'on a décidé de la responsabiliser que d'annoncer violemment son renoncement et son impuissance pendant une crise, en disant que l'on se fiche totalement de ce qui va se passer pour eux, ou de le faire en mode punitif.

C'est au fond la différence entre l'abandon et la responsabilisation : l'abandon comporte une part d'indifférence qui peut faire mal, la responsabilisation, en aucun cas, puisqu'elle laisse le choix aux élèves d'apprendre ou pas, tout en stipulant que, dans le premier cas, l'enseignant sera toujours là pour eux.

En revanche, le fait de crier en permanence pour se faire obéir, sans prendre en compte les feed-back de la classe, de tenter de la forcer à entrer dans les apprentissages sans y parvenir, n'est pas des plus respectueux et des plus éthiques, ni pour les élèves, ni pour soi-même. En plus des propos blessants et dévalorisants qu'un tel combat produit souvent, il conduit inexorablement à l'échec.

Et sans tenter en quoi que ce soit d'atténuer les différentes causes prédictives de ce triste constat et qui sont à la fois nombreuses et structurantes, le fait que seuls 37 % des élèves de Segpa aient obtenu un diplôme professionnel huit ans après leur entrée en sixième en 2017 doit évidemment nous interroger également sur les modalités relationnelles profs-élèves, même si elles ne constituent qu'une infime partie du problème et donc de la solution.

5.

Je dois faire en sorte qu'il n'y ait pas de violence

La stérile recherche de coupables

Le harcèlement en milieu scolaire et périscolaire est devenu un tel sujet de préoccupation que les interactions de nos chères têtes blondes sont, beaucoup plus souvent qu'auparavant, scrutées par la communauté adulte, de façon, bien vainement, que n'advienne aucune souffrance relationnelle entre les enfants.

Cette inquiétude relativement moderne a eu le mérite de faire la lumière sur un problème jusque-là dramatiquement sous-évalué, mais la recherche de coupables et de sanctions exemplaires égare parfois certains dans des agitations fréquemment stériles et souvent aggravantes. Puisqu'au fond, dans ce genre de situations, ce qu'il faut traiter est bien plus la relation que les individus.

Cette injonction sociétale d'une école et d'un collège sans souffrance relationnelle, les équipes éducatives la subissent évidemment de plein fouet depuis quelques années, et je suis très choquée de voir les enseignants violemment considérés comme coupables des problèmes de harcèlement, d'isolement, de racket de leurs élèves, comme si en plus de la gestion de vos classes vous deviez non seulement savoir précisément tout ce qui se trame sous les préaux, dans les selfs, toilettes, gymnases et autres réseaux sociaux où adviennent ce genre de problèmes (et dont vous êtes par définition absents), et en plus être capables de les résoudre rapidement et définitivement.

Il s'agit, selon moi, d'un vœu pieux.

De plus, comme je l'ai écrit dans mes précédents ouvrages, le fait même qu'un adulte intervienne *entre* les élèves dans ce genre de situations, avec toute sa bienveillance, son ingéniosité, sa délicatesse, risque d'aggraver la solution et donc la souffrance qui y est associée[1].

Par ailleurs – même si certains d'entre vous se sont courageusement formés à outiller les enfants vulnérables –, en dehors du statut un peu transversal que confère le rôle de professeur principal ou celui de directeur dans l'élémentaire, il vous est difficile en tant qu'enseignant

---

1. *Te laisse pas faire ! Aider son enfant face au harcèlement*, Paris, Payot, 2014 ; *Je me défends du harcèlement*, Paris, Albin Michel, 2016 ; *Le Harcèlement scolaire en 100 questions*, Paris, Tallandier, 2017.

d'une seule matière d'être à la fois le juge et l'avocat dans ce genre de problématique.

C'est donc, de mon point de vue, une mission que l'Éducation nationale devrait confier, après leur avoir permis de s'y former, à des professionnels tels que les CPE, les infirmières et psychologues scolaires qui ont, par définition, une vision plus globale de l'élève et de son environnement.

Vous êtes par conséquent nombreux à vous sentir à la fois impuissants et coupables lorsque les faits de harcèlement donnent lieu à des conflits très virulents avec les parents et/ou à des plaintes auprès du rectorat ou en justice. Et nombreux également à me dire : « Qu'aurions-nous dû faire de plus ? Nous avons suivi scrupuleusement le protocole du ministère. »

Dont l'application rigoureuse, certaines fois, ne résout pas les problèmes, voire aggrave la situation puisque ce protocole consiste à travailler exclusivement avec le coupable harceleur, pas du tout (ou si peu) avec l'enfant harcelé pour l'aider à sortir, en puisant dans ses propres ressources, de ces violentes interactions.

Culpabilité impuissante d'un côté, donc.

Inquiétude très forte *a priori* de l'autre.

Qui fait que certains d'entre vous, très anxieux à l'idée de passer à côté d'un enfant traumatisé par ses camarades, ou de laisser prospérer involontairement les comportements violents de certains autres, mettent en place toute une série de stratégies qui peuvent s'avérer plus qu'inefficaces.

Outiller plus que protéger

– Je ne peux pas dire que ça me perturbe de façon vraiment intense dans mon quotidien, mais je me demande comment faire pour leur inculquer la non-violence, je pense que c'est vraiment le moment adéquat en dernière année de maternelle, me dit Violette, stagiaire à l'ESPE, pendant une séance de supervision de pratique. J'ai notamment une petite fille, Lise, qui est toujours en train de se faire maltraiter par plusieurs autres élèves de la classe et j'avoue que je n'arrive pas à résoudre ce problème. J'ai donc logiquement convoqué ses parents pour leur dire que leur fille venait très souvent me voir pour se plaindre des autres. Je ne sais pas si j'ai bien fait parce que du coup, tous les soirs, la maman me demande au portail si elle a pleuré, si ça s'est bien passé avec un air hyperanxieux, je ne suis pas sûre que ça l'aide vraiment. D'autant que, comme elle est très inquiète, je crois qu'elle en parle beaucoup aux autres parents, en leur demandant de surveiller les agissements de leurs propres enfants, ce qui a l'air de les agacer… Je me dis que ce n'est pas bon pour Lise.

Bonne analyse. Si les autres parents laissent entendre, le soir au dîner, que Lise est un peu le bébé à sa maman, nous ne lui rendons pas du tout service. C'est comme si, sans le vouloir, nous cristallisions l'interaction entre une enfant de plus en plus fragile et d'autres enfants qui vont se sentir de plus en plus puissants, comme validés par leurs propres parents.

– Oui, je le sens bien. D'ailleurs, ce qui est inquiétant, c'est que depuis plusieurs semaines il n'y a pas un ou deux enfants qui l'embêtent en particulier, elle a des problèmes avec presque tous en dehors de deux élèves particulièrement timides. Elle pleure et boude beaucoup, et surtout vient en permanence me demander d'intervenir lorsqu'elle se fait maltraiter.

Ce qui m'ennuie, c'est que j'ai l'impression qu'elle se fait de plus en plus bousculer, piquer les jouets ou son tour. Et c'est une réalité, ce n'est pas elle qui affabule pour se faire remarquer, j'ai vraiment observé scrupuleusement ce qui se passait, elle est mise à mal beaucoup plus souvent que ses camarades.

D'ailleurs, lorsque j'interviens pour faire la morale à ceux qui la bousculent ou lui prennent ses jouets, ils ne se défendent pas du tout, comme s'ils savaient qu'ils ne sont pas censés se comporter comme ça.

Par exemple, l'autre jour, Lise est venue me voir en pleurant parce que Sarah lui avait pris le ballon pendant la récréation. Je suis donc allée voir Sarah et elle lui a rendu au moment même où elle m'a vue arriver ; avec un air coupable.

Mais le problème, c'est qu'un moment après, Lise est revenue en pleurs me dire qu'Ahmed lui avait pris son tour au toboggan, cette fois. Je suis allée voir Ahmed et je lui ai expliqué que c'était chacun son tour et il m'a dit qu'il avait oublié, en prenant un air faussement contrit, et Lise a repris sa place dans le tour, l'air misérable, avec ses larmes qui coulaient encore.

Et puis hier, c'est un autre garçon, Émilien, qui l'a bousculée. Elle est venue en hurlant, j'ai vraiment cru qu'elle s'était fait très mal, mais elle n'avait pas une égratignure. C'est juste que comme à mon avis, depuis quelques jours, elle voit que j'en ai un peu assez de ses plaintes continuelles, elle sort le grand jeu pour être sûre que je vienne rétablir la justice. J'ai dit à Émilien qu'il avait des mots à sa disposition pour dire les choses et qu'il n'avait pas à bousculer Lise. Émilien est reparti jouer après m'avoir un peu écoutée (enfin, c'est ce que j'espère), mais Lise est restée près de moi tout le temps après ça, refusant d'aller jouer avec les autres malgré mes propositions répétées.

Je me demande si je ne devrais pas faire une activité autour de ça, la violence, le non-respect, pour qu'ils apprennent à mieux se comporter avec elle. Ou bien vous pensez peut-être que je devrais réprimander plus sévèrement ceux qui la malmènent, parce qu'il est vrai que, pour l'instant, je n'ai pas sanctionné du tout, juste fait la morale ?

– En constatant que la situation empire, on peut en effet se poser la question de savoir si les mesures prises ont été assez dissuasives vis-à-vis des autres et s'il ne faudrait pas les intensifier. Ou bien au contraire, si le fait même d'être intervenue et d'avoir géré la situation à la place de Lise n'est pas finalement ce qui aggrave la situation.

– C'est-à-dire ? me demande Violette, un peu étonnée.

– C'est-à-dire que comme, de façon très bienveillante, tu te mets entre Lise et son monde dès qu'elle te le demande, cette dernière perd paradoxalement de plus en plus confiance en ses propres ressources relationnelles. Elle ne sait plus faire sans t'utiliser comme garde du corps, et, tu es en train de le ressentir confusément. En acceptant d'intervenir à sa place, tu résous le problème à court terme, mais l'aggrave à long terme. Et comme tout cela est, malgré toute ton immense bonne volonté, très inefficace, elle risque en plus, à terme, de perdre confiance dans les adultes. Les tentatives de son inquiète maman vont dans le même sens : elle tente de protéger sa fille d'un monde hostile, au lieu de l'outiller pour qu'elle le fasse elle-même.

Perdre confiance en soi, perdre confiance dans les adultes, ce sont des apprentissages qu'il serait dommage que Lise fasse juste avant d'entrer en primaire.

Cela me rappelle cette métaphore du papillon en train de sortir de son cocon et qu'un marcheur très bien intentionné et n'écoutant que son bon cœur extirpe délicatement pour l'aider. Il ne sait pas, ce très gentil monsieur, que privant le papillon de l'effort nécessaire qu'il doit faire pour sortir en toute autonomie, ses ailes ne se développeront pas, et qu'il ne pourra jamais voler.

Je préférerais donc qu'on aide Lise à voler avec ses propres ailes, dis-je après un silence.

– Moi aussi, dit Violette désemparée. Mais je ne vois vraiment pas comment faire. Je ne vais quand même pas lui dire de taper lorsqu'elle se fait embêter ?

– Non, ce serait mal, dis-je en souriant. Que pourrait-elle faire d'autre lorsqu'un des enfants vient vers elle pour la bousculer, lui prendre un jouet ou lui piquer son tour ? Quelque chose de très différent du fait de se laisser faire, se mettre à pleurer et aller chercher un adulte ?

– Faire une grimace ? demande Violette.

– Pas mal, mais une vraiment épouvantable, sinon ça n'aura pas plus d'impact que les pleurs.

– Et en même temps pousser un hurlement ? propose Violette.

– Excellent, quelque chose de vraiment strident qui décontenancerait n'importe lequel de ses camarades. Assorti à la grimace, ça pourrait être tout à fait intéressant. Elle pourrait aussi tout simplement regarder l'attaquant dans les yeux juste avant qu'il ne fasse quoi que ce soit, serrer les dents et dire assez fort : « Tu arrêtes ça, je ne suis pas d'accord. » Mais ce serait moins drôle que la grimace hurlante. Dans tous les cas, ce qui importe, c'est que c'est diamétralementopposé à ce qu'elle a fait jusqu'à présent.

Violette a donc parlé à Lise et à sa maman pour leur faire part de sa proposition et leur demander d'y réfléchir concrètement pendant le week-end.

Elles ont choisi d'alterner, en fonction du camarade qui l'embêtait, une magnifique grimace faite maison ornée d'un hurlement de sirène (auquel Lise s'était largement entraînée pendant le week-end, comme elle en fit fièrement la démonstration à sa maîtresse et dont celle-ci espéra *in petto* qu'elle n'aurait pas à l'utiliser trop souvent) ou le fait de dire très fermement « Tu arrêtes ça, je ne suis pas d'accord ».

La petite fille utilise d'ailleurs dorénavant cette dernière à la maison fréquemment pour signifier son profond désaccord à ses parents lorsqu'ils abusent.

Il n'y a pas d'amélioration sans inconvénient.

Fait intéressant que nota Violette dès le lundi qui suivit cette décision, Lise n'eut à utiliser ni l'une ni l'autre des stratégies. Grâce à Violette et à sa maman, le changement de posture de la petite fille était tel qu'il avait implicitement découragé ses anciens agresseurs de continuer, sans même, vraisemblablement, que ces derniers en aient eu vraiment conscience. Ils l'ont plutôt ressenti. Ce qui est, je vous le rappelle, toujours bien plus puissant en termes de conséquences que n'importe quel discours raisonnable.

Capacité à se faire respecter et amélioration du climat scolaire

Nous le subodorions grâce au retour de nos patients élèves et enseignants, mais c'est un fait maintenant évalué par une étude que nous avons pu mener dans une école élémentaire : le fait d'apprendre aux enfants en souffrance relationnelle à se faire respecter a un impact très positif sur le climat scolaire dans son ensemble. Deux praticiennes de l'équipe Chagrin scolaire sont en effet intervenues pendant une année scolaire à raison d'une demi-journée par mois dans une école primaire de deux cents élèves.

Le protocole élaboré était le suivant :

1. Un questionnaire d'une dizaine de questions a été posé aux élèves, aux enseignants et aux parents à propos du climat entre pairs au mois de juin 2016 et a donné lieu à une photographie à l'instant « t » de ce fameux climat scolaire entre enfants.
2. Les deux praticiennes de Chagrin scolaire ont fait le tour des classes début septembre

(du CP au CM2) en présentant notre façon d'intervenir pour outiller les enfants qui le souhaitaient parce qu'ils se sentaient mal dans la cour, à la cantine ou même dans la classe.

3. Une demi-journée par mois, elles se sont installées à la BCD et ont reçu les enfants qui s'inscrivaient (de façon confidentielle par l'intermédiaire d'une boîte dans le bureau de la directrice) pour se faire aider sur des problèmes tels que l'isolement, les chagrins d'amitié, les insultes, les moqueries, les bousculades.
4. Elles ont reçu une vingtaine d'enfants et ont mené soixante entretiens entre septembre 2016 et juin 2017. Lorsque l'enfant était d'accord, un des professeurs désireux de se former à cette méthode de résolution de problème assistait à la séance.
5. Le même questionnaire que celui de juin 2016 a été posé en juin 2017, et les résultats sont éloquents en ce qui concerne l'ensemble des questions relatives au climat scolaire entre enfants. Pour n'en choisir qu'une, fondamentale, celle sur les interactions en récréation : « Comment ça se passe pour toi dans la cour avec les autres ? » Les enfants étaient 21 % à répondre « plutôt mal » ou « mal » en juin 2016 ; ils sont 9 % à répondre la même chose en juin 2017.

Je suis convaincue qu'à partir du moment où toute l'équipe éducative d'une école ou d'un collège est sensibilisée (ou, encore mieux, formée) à cette façon de procéder, non seulement il y a moins d'enfants vulnérables dans la cour de récréation et conséquemment moins d'enfants poussés à les malmener pour asseoir leur popularité, mais en plus les enseignants et autres acteurs de la vie scolaire se sentent infiniment plus efficaces face à ce fléau et se sentent renforcés dans leur rôle et leur objectif de bienveillance éducative.

Parce qu'il me semble indispensable de dire à quel point le harcèlement scolaire entre enfants vous fait également souffrir lorsque vous le voyez prospérer sans pouvoir rien y faire, et en ayant même fréquemment la sensation que tout ce que vous (et les équipes administratives) mettez en place a tendance à l'aggraver ou à en amplifier la dissimulation.

6.
Personne ne doit savoir que je n'y arrive pas

« La société leur attribue des tâches de plus en plus lourdes, elle les rend exclusivement responsables, et ne tolère pas l'échec. Ainsi, cet échec et la désillusion y sont d'autant plus vécus avec émotion[1]. »

Et avec le sentiment d'échec vient parfois la honte.

Au carrefour d'émotions très ambivalentes chez vos concitoyens, le métier d'enseignant est jugé, critiqué, vilipendé parfois.

Chacun constate plus ou moins directement la violence qui le colore et, dans le même temps, tout le monde a quelque chose à dire, à conseiller, des privilèges ou des défaillances sur lesquels s'indigner ; on vous rend même parfois responsables de cette violence institutionnelle, oubliant rapidement qu'elle est ô combien systémique, et que vous n'êtes qu'une petite partie

---

1. G. Jaoul, V. Kovess, FSP-MGEN, « Le burn-out dans la profession enseignante (*teacher's burnout*) », *Annales médico-psychologiques*, Paris, Elsevier Masson, 2003.

du système scolaire. Oubliant par la même occasion toute l'énergie que vous mettez pour la très grande majorité d'entre vous à tenter de faire aimer votre matière, à créer des contextes favorisant l'autonomie et les apprentissages, à faire grandir vos élèves.

Comme le disent Jaoul et Kovess : « C'est le décalage entre les efforts, le but idéal de l'enseignant et le résultat de ces efforts qui vont progressivement mener à l'état final qu'est le burn-out. »

Car tout le monde, n'est-ce pas, est allé un jour à l'école ?

Tout le monde ou presque a un ou plusieurs maîtres ou maîtresses que la nostalgie idéalise et qui savaient, eux, comment s'y prendre avec une classe.

Pourtant, malgré ces nombreuses compétences et certitudes, après avoir accompagné une sortie de classe une journée, rares sont les parents qui ont envie de se reconvertir en professeur des écoles. Étonnamment.

Rares également sont les enseignants venus de postes très stressants en entreprise qui considèrent qu'en embrassant la carrière d'enseignant ils ont gagné en facilité, en tranquillité.

Et pour tenter de le faire souvent, mais pas tous les jours, et pas toutes les heures, et pas depuis vingt ans, je mets au défi n'importe quel manager ultracharismatique d'intéresser ne serait-ce qu'une heure une quarantaine de collégiens de 4e sur un sujet quel qu'il soit. Alors le faire toute l'année !

Ce jugement quasi permanent et au fond assez moderne fait s'exhorter une partie d'entre vous à prendre sur vous, ne pas vous plaindre, ne pas demander d'aide, espérer en silence que ça va aller, se dire que c'est normal, les élèves sont fatigués, c'est bientôt les vacances et vous consumer silencieusement ou presque de l'intérieur, parce que si, en plus de ne pas y arriver, vous vous plaignez, vous savez parfaitement que vous n'obtiendrez pas de sympathie ni de compréhension, ou si peu.

De surcroît, plus encore que dans les autres territoires professionnels que j'ai pu côtoyer et où le burn-out fait également des victimes, personne ne doit savoir que vous n'y arrivez pas, en dehors peut-être de votre médecin généraliste et de votre meilleur ami.

Cette volonté de dissimuler, d'atténuer, de garder le contrôle sur des émotions parfois totalement submergeantes crée une espèce d'effet Cocotte-Minute qui ne peut se terminer finalement que par l'arrêt-maladie puisque le silence persiste[1]. Puisque la demande d'aide soit n'est

1. Il est à noter cependant que, contrairement à une idée répandue, l'absentéisme des enseignants est inférieur à l'absentéisme national : le taux d'absentéisme moyen pour raison de santé, tous secteurs confondus, est de 3,7 %. Il descend à 3,2 % dans le domaine de l'enseignement. (« Temps de travail des fonctionnaires : peut-on parler de privilégiés ? », Dares, 2014).

pas formulée, soit n'obtient pas de réponses efficaces. Donc votre corps dit tout simplement stop[1].

La demande d'aide en interne n'est en effet *a priori* pas valorisée dans la plupart des établissements où j'ai pu intervenir.

- Sans doute parce que nombreux sont ceux qui, chefs d'établissement, IEN, CPE, sont également très démunis vis-à-vis des problèmes, souvent relationnels, auxquels vous êtes confrontés et qu'une impuissance multipliée par deux ou trois n'est jamais très productive ; vous subodorez cette impuissance, vous choisissez donc de ne parler de vos difficultés à personne à l'intérieur de l'établissement.
- Sans doute parce que le parcours scolaire très académique et sélectif dont vous êtes les produits les plus aboutis, comme l'explique si bien Ken Robinson dans sa conférence « How schools kill creativity » ne vous a pas appris à demander de l'aide,

1. « La prise en compte de la façon dont le sujet régule ses émotions serait également à même d'expliquer des différences individuelles dans le développement du burn-out, puisque la manière dont les émotions sont perçues, ressenties et gérées peut avoir une influence directe sur cet épuisement qui est émotionnel. » P. A. Genoud, F. Brodard, M. Reicherts, « Facteurs de stress et burn-out chez les enseignants de l'école primaire », *Revue originale de psychologie appliquée*, 59, 1, 2009.

à vous inspirer de ce que vos camarades faisaient de mieux, à accepter de lâcher prise quand la houle devenait trop forte en mettant en avant vos faiblesses.

- Sans doute parce que verbaliser auprès d'un tiers votre impuissance à tenir votre classe, respecter le programme ou vous faire apprécier de vos élèves serait considéré par la majorité d'entre vous comme l'aveu d'un échec insupportable et que vous préférez que votre corps craque plutôt que de confronter votre esprit et vos collègues à cette réalité.

Mais cette autoconspiration du silence est encore une fois une injonction très paralysante. Nombreux sont ceux d'entre vous qui nous disent : « Si je mettais en place le virage à 180°, que dirait mon IEN, mon chef, les parents, mes collègues ? » Je leur réponds qu'il serait judicieux en effet, avant d'installer un salon au fond de la classe ou une lune pour que les enfants puissent se déconcentrer parfois près du bureau, d'en avertir les personnes qui pourraient s'en émouvoir. « Mais comment pourrais-je leur dire ? Il faudrait donc que j'annonce à ma hiérarchie et à mes collègues que je n'y arrive pas et que je mets en place cette stratégie pour que ça aille mieux ? Non, franchement, je préfère que ça ne se sache pas. »

Je suis ahurie alors par cette croyance qu'ont certains d'entre vous que les autres ne perçoivent pas les immenses difficultés dans lesquelles vous êtes, et vos vaines et touchantes tentatives pour tenter de dissimuler au reste du monde ce que le brouhaha dans vos classes et vos yeux cernés en salle des profs crient haut et fort quotidiennement. Lorsque je vous le fais remarquer avec douceur, votre réponse est invariablement la même : « Ils ne savent pas à quel point je n'y arrive pas ; je préfère qu'ils ne le sachent pas. »

Alors, comme il doit se faire en secret de l'entourage professionnel, le virage à 180° n'est pas pris totalement, puisque le lâcher-prise sur l'ancienne façon de faire (qui ne fonctionne pas du tout, mais est acceptée institutionnellement) n'est pas total, pas exactement assumé. Donc la souffrance ne s'apaise pas, ou bien trop peu.

DEUXIÈME PARTIE

Histoires d'élèves

Ce sont celles que vous m'avez fait l'honneur de partager pendant nos séances de supervision de pratique ou lorsque je vous accompagnais en individuel, et qui m'ont le plus marquée et touchée.

Elles sont également, à mon sens, les plus représentatives de ce à quoi l'ensemble des enseignants peut être confronté un jour ou l'autre. Le simple fait que vous ayez eu le courage et l'humilité de demander de l'aide montre à quel point le fait d'incarner un adulte bienveillant et exigeant auprès de vos élèves est essentiel pour vous.

7.
Alysée et l'oral

Qu'est-ce qui empêche ?

Benjamin se sent complètement coincé dans une situation qu'il n'a jamais rencontrée auparavant.

Il est professeur principal en lycée et l'une de ses élèves de première refuse absolument de passer à l'oral. Dans la mesure où c'est l'année des TPE et de l'oral de français, il est très ennuyé pour elle, parce que ses refus successifs risquent vraiment de la pénaliser au moment des oraux.

– Il faut s'y préparer, ce n'est pas simple. Si elle arrive sans ne s'être jamais entraînée devant la classe ou au moins un petit groupe, elle va être totalement tétanisée et ne pourra rien dire. En plus, l'an prochain, elle a l'oral d'anglais, c'est un gros coef. Et, d'une façon générale, savoir s'exprimer en public, c'est hyperimportant. Elle dit qu'elle veut faire véto et qu'elle n'aura pas de problème devant les animaux, mais, franchement, je trouve que c'est un vrai gâchis parce que c'est une bonne élève à l'écrit, sérieuse et curieuse. Comme je le lui ai dit, je ne suis pas sûr qu'il n'y ait pas d'oral pour véto.

– Qu'as-tu tenté de faire pour l'instant, pour qu'elle accepte de parler devant tout le monde ?

– Je lui ai d'abord expliqué ce que je viens de dire en essayant de lui faire prendre conscience des risques si elle continuait à se défiler. Elle répondait, avec une tête de lapin pris dans les phares, qu'elle ne pouvait pas, « Désolée M'sieur ». Je lui ai dit que je lui laissais jusqu'à la mi-octobre pour trouver une solution, mais qu'ensuite je serais contraint de lui mettre zéro à chaque fois qu'elle refuserait. Parce que sinon c'est inéquitable vis-à-vis des autres, non ?

– Si, en effet. Et que s'est-il passé puisque nous sommes en janvier ?

– Elle a refusé. Je lui ai mis zéro. Elle s'est mise à pleurer doucement et franchement, je me suis senti supercoupable, mais, en même temps, ça me semblait l'attitude la plus juste vis-à-vis de tout le monde. Et puis je ne voulais pas revenir sur l'engagement que j'avais pris avec elle. Depuis, la relation entre nous est complètement dégradée, elle fuit mon regard, elle est moins appliquée à l'écrit et elle refuse toujours de passer à l'oral. Surtout, depuis un mois, elle est très souvent absente ou à l'infirmerie.

– Elle a exactement le même comportement dans toutes les matières ?

– Oui, absolument identique avec tous mes collègues. Certains laissent passer, d'autres mettent zéro comme moi… J'ai peut-être eu tort ; en tout cas, je ne l'ai pas aidée, c'est sûr, ni par rapport au fait de passer à l'oral, ni de façon générale sur ses apprentissages… Je suis inquiet parce que les quelques fois où un de mes élèves a commencé à être très absent psychiquement puis physiquement, ça s'est terminé en phobie scolaire. Là, je me sentirais vraiment coupable si ça arrivait et j'ai franchement un mauvais pressentiment.

– Je comprends et tu as raison, les phobies scolaires présentent souvent ces signes avant-coureurs. C'est une situation difficile parce qu'évidemment tu as été tout à fait patient et compréhensif, tu l'as prévenue, tu as tenu ton engagement… il y a une seule chose peut-être que tu n'as pas faite au préalable, c'est de lui demander de quoi elle a peur exactement. Enfin, pour être parfaitement précise, je pense qu'il faudrait lui poser de cette façon-là : « Que pourrait-il arriver de si épouvantable si tu passais à l'oral ? »

– Franchement, pas grand-chose. Même si elle se plante, le simple fait qu'elle ait eu le courage de s'exprimer en public lui vaudra des encouragements de ma part et de celle de mes collègues.

– Oui, de la part des enseignants sans aucun doute. Pour le reste de l'assemblée, on ne sait pas. Les peurs adolescentes, notamment relationnelles – et dans le cas d'Alysée, j'ai l'intuition qu'il s'agit bien de ça – sont souvent à ce point submergeantes qu'elles peuvent en effet mettre à mal toute une scolarité. Le problème avec les peurs, c'est que plus on essaie d'éviter de les ressentir, plus on tente d'échapper aux situations qui les suscitent, plus on tente de contrôler les symptômes qui les accompagnent et plus elles grossissent et nous empêchent de faire les choses que nous aurions pourtant envie de faire.

Il convient donc de les apprivoiser pour les apaiser.

Mais pour cela, il faut d'abord les identifier précisément et les regarder en face, au moins en pensée. Je te propose donc, si cela te paraît possible, de dire à Alysée la chose suivante : « Je m'en veux beaucoup, parce que j'ai l'impression que je ne t'ai pas du tout aidée face à ce problème de peur de l'oral. J'ai même l'impression qu'en voulant être le plus juste possible, je t'ai mise dans une situation sans issue, parce que les deux voies qui s'ouvrent à toi sont horribles ; soit tu refuses de passer à l'oral et tu es sanctionnée, soit tu acceptes et là, il peut se passer des choses très ennuyeuses pour toi. Et je ne t'ai pas demandé une chose fondamentale pour pouvoir éventuellement t'aider : "Que pourrait-il t'arriver de si épouvantable si tu passais à l'oral" ? »

Ce qui est fondamental à ce moment-là, si elle accepte de te répondre, c'est surtout de ne pas la rassurer, quoi qu'elle te dise.

Et de juste lui dire : je comprends que tu aies peur.

Puis, que si elle est d'accord, tu vas présenter sa situation au groupe de supervision de pratique pour lui proposer quelque chose à faire afin que son angoisse de parler en public devant la classe soit moins submergeante. À partir de là, nous verrons ce que nous pourrons faire. Mais, à mon avis, il ne faut rien faire dans la précipitation.

Trouver la parade

Lorsque Benjamin revient quinze jours plus tard, il explique qu'Alysée est d'abord restée totalement silencieuse. Il a vraiment eu peur que son mea culpa n'ait pas suffi pour qu'elle ait envie de lui dire ce qui lui faisait peur à ce point.

Et puis finalement, elle s'est mise à pleurer doucement en disant : « Il faut me jurer de rien dire à personne, M'sieur. C'est Clément et sa bande. Ils mettent des notes aux filles qui passent à l'oral et ensuite ils les diffusent sur Snapchat avec des photos horribles qu'ils ont prises de nous en douce. Comme je suis la plus moche de la classe, je sais très bien ce qui va m'arriver. C'est trop horrible, je préfère avoir zéro. Et si j'ai pas mon bac, tant pis, je m'arrangerai toujours pour travailler à la SPA. Mais je vous en supplie Monsieur, surtout, ne dites rien à personne de l'administration sur Clément et encore moins à lui, sinon je suis morte. Jurez-le Monsieur. »

Benjamin s'est mordu la lèvre pour ne pas lui donner de conseil, pour ne pas lui dire que ça n'arriverait peut-être pas, pour ne pas lui dire qu'elle n'était pas moche du tout, pour ne pas aller immédiatement faire la leçon à Clément, pour ne pas se ruer chez le proviseur. Bref, pour ne pas se mettre entre le problème et Alysée. Et il a juré. Il lui a simplement dit : « Je comprends que tu aies peur, moi aussi j'aurais peur à ta place. »

Elle l'a regardé et lui a dit : « Enfin peut-être qu'ils ne le feront pas ? »

Benjamin, très vigilant au fait de ne pas rassurer vainement la jeune fille, a répondu que la probabilité était faible qu'ils l'épargnent. Puis il lui a proposé d'en parler en supervision, en changeant les prénoms, pour voir si quelqu'un avait une idée pour l'aider.

Benjamin revit la jeune fille quelques jours plus tard et lui présenta l'alternative suivante :

• Soit elle donnait le pouvoir à Clément et sa bande de choisir son destin à sa place et elle continuait à laisser sa peur la dominer. En effet, même si c'était un vrai gâchis qu'une jeune fille aussi douée ne puisse pas faire véto, elle trouverait effectivement toujours un poste dans un refuge ou une association.

• Soit elle reprenait le pouvoir sur Clément, ce qui allait lui demander infiniment de courage, mais au moins ce ne seraient plus lui et sa bande qui décideraient de la suite de sa scolarité.

« Comme ce que je vais te proposer est superdur, peut-être préfères-tu que Clément reste ton maître et conseiller d'orientation », conclut-il.

Après réflexion, Alysée choisit la deuxième voie.

– Tu es bien sûre, demanda Benjamin ?

– Oui, j'en ai trop marre qu'ils fassent ce qu'ils veulent avec les filles, dit-elle.

– Alors, la prochaine fois que tu es en cours avec moi, je vais te demander de passer à l'oral. Tu pourrais commencer ton exposé en t'adressant ainsi à Clément devant toute la classe : « J'espère que la story que vous allez faire sur moi va être un peu plus dégueulasse que les dernières, parce que je trouve que vous vous relâchez et là, franchement, vu que je suis la plus moche de la classe, vous pourrez vraiment vous faire plaisir. » Tu pourrais également t'interrompre à certains moments et leur rappeler qu'il faut qu'ils prennent des notes pour Snapchat ou des photos de toi. « Tu veux que je prenne une pose ? » pourras-tu proposer, par exemple. De deux choses l'une, soit en effet une story est faite sur toi, et tu pourras les en remercier *via* les réseaux, puisque c'est ce que tu leur auras demandé, soit ils ne le feront pas, parce qu'ils auront été déstabilisés par ton immense courage. Dans les deux cas, c'est toi qui reprends le contrôle de la situation. Parce que dans le premier cas, ils t'obéissent et, dans le deuxième, ils font ce que tu espères.

Alysée a beaucoup ri quand Benjamin a joué le rôle de Clément et qu'il a pris une tête de plus en plus désappointée, au fur et à mesure qu'elle lisait le texte qu'il lui avait apporté. Elle l'a fait quelques jours plus tard. La classe (surtout sa partie féminine, qu'elle avait pris soin de prévenir selon la très bonne idée de Benjamin) l'a applaudie. Il est bien évident que sans le soutien chaleureux de ce remarquable enseignant, l'exercice aurait été presque impossible à mettre en place.

Enseignant confident : loyauté ou non-assistance ?

Il existe, à l'instar de l'histoire d'Alysée, des circonstances particulières où l'enfant ou l'adolescent va vous raconter ce qui lui arrive et vous demander instamment de ne pas en parler à ses parents ou à l'administration. C'est souvent malheureusement dans le cas de problématiques assez lourdes qui peuvent vous faire vous sentir très seul face à un problème gigantesque, tiraillé entre votre envie de loyauté et la sensation d'être en non-assistance à personne en danger.

Les raisons de sa demande de confidentialité totale peuvent être multiples :

• Il ne souhaite pas que ses parents s'inquiètent ou soient attristés par ce qui lui arrive.

• Il a honte et ne veut en parler à personne d'autre qu'à vous parce qu'il sait qu'il peut vous faire confiance (d'où l'importance de ne pas trahir cette confiance).

• Il a peur qu'une fois des tiers (parents ou administration) mis au courant, ces derniers interviennent de façon improductive et aggravent la situation.

Ce sont à chaque fois de très bonnes raisons.

Par ailleurs, le fait de refuser cette demande de secret présente le risque d'altérer la qualité de la relation entre vous et donc que vous ne soyez plus en mesure de l'aider, alors même que vous étiez en position de le faire.

La solution qui me semble la plus apaisante pour vous et l'enfant ou l'adolescent consiste à lui répondre que, s'il est d'accord, vous allez réfléchir à une stratégie qu'il pourrait mettre en œuvre pour résoudre son problème, et que si par malheur cela ne suffisait pas, alors vous serez contraints d'en parler à l'administration, à ses parents, et que vous l'aiderez le cas échéant à faire en sorte que les conséquences de cette annonce soient le moins dommageables possible.

Si vous parvenez ensemble à élaborer un virage à 180° efficace, la situation devrait s'arranger durablement. (Si votre élève est d'accord et que la tâche semble ne serait-ce qu'un peu délicate, une supervision avec un professionnel rigoureusement formé est alors indispensable.)

Si votre plan d'action ne fonctionne pas, vous pourrez alors partager la situation avec d'autres adultes pour engager les éventuelles mesures disciplinaires ou de tout autre ordre qui s'imposent, sans lui avoir manqué de loyauté.

8.
Personne ne joue avec Justin

Entre impuissance et agacement

Fanny est en dernière année à l'ESPE et apporte un cas très complexe en supervision de pratique. Celui de Justin, 6 ans, élève de sa classe de cours préparatoire et à qui personne ne veut ne serait-ce que donner la main dans le rang.

Elle explique à ses collègues qu'elle se sent totalement impuissante, à la fois coupable et en colère. Contre qui, en dehors d'elle-même ? Elle ne saurait le dire. Peut-être si, contre ses enseignants qui ne l'ont pas prévenue, et encore moins formée à affronter une telle situation. Contre les enfants qui, même à 6 ans, peuvent se montrer si cruels. Contre leurs parents qui ne les élèvent visiblement pas dans des valeurs de partage et de respect des autres. « Si toute ma vie de professeure des écoles, je dois la passer à me sentir aussi impuissante devant la souffrance d'un enfant, c'est clair et net, je démissionne immédiatement », nous dit-elle.

Elle nous explique que lorsqu'elle organise des activités à deux, l'élève sélectionné pour être en binôme avec Justin se met à pleurer à chaudes larmes, comme s'il avait été injustement puni par elle.

– Ça peut durer plus d'un quart d'heure ; Justin pleure parce qu'encore une fois personne ne veut lui donner la main ; son binôme pleure parce qu'il considère le fait d'avoir été choisi pour donner la main à Justin comme une punition hyperinjuste, alors même qu'il n'a rien fait, et c'est le visage plein de larmes qu'en sanglotant il me dit : « Pourquoi moaaaaaaa ? »

La première fois, j'ai été hyperchoquée, j'ai essayé d'expliquer à Nathan que ce n'était pas une punition, qu'on devait donner la main à tout le monde. Mais mes explications ne l'ont pas consolé du tout et il a pleuré pendant toute la durée de l'activité danse, de concert donc avec Justin, qui lui avait de bonnes raisons de le faire. Naïvement, je me suis dit que Nathan était particulièrement sensible, mais il s'est produit exactement la même chose en plus ou moins intense avec le reste de ses camarades. J'ai essayé les trinômes, mais là, ils étaient trois à pleurer, donc j'ai arrêté les frais. Désormais, c'est un fait dans la classe, l'enfant qui est en binôme avec Justin pleure, et je fais comme si ça n'était pas un problème, je ne vais pas contribuer encore plus à son isolement en le laissant tout seul ou en le mettant en binôme avec moi, pour éviter les pleurs des autres, non ? Parce que c'est un enfant très pacifique, très calme, qui ne demande qu'une chose : jouer avec les autres. C'est vraiment injuste, vous ne pouvez pas savoir à quel point ça me désole...

– Je comprends à quel point c'est dur, dit une de ses collègues, moi j'ai aussi une petite fille qui est en train de complètement s'étioler dans ma classe à cause de l'isolement dont elle est la victime. C'est horrible, parce que ça commence à se ressentir au niveau des apprentissages, j'en suis malade et, comme toi, je me sens absolument démunie, tout ce que j'ai mis en place – faire la morale aux autres, en individuel, en collectif, menacer de punitions, etc. – rien n'y fait, elle est de plus en plus seule, jamais invitée aux anniversaires, isolée dans la cour, et surtout très triste.

– Je pense en effet que le cas de Justin n'est pas un cas rare. Ce qui est très complexe, c'est qu'on ne peut pas faire en sorte que des enfants en aiment un autre parce que nous l'avons décidé, ça ne fonctionne jamais, évidemment. Pourtant, c'est souvent ce que les adultes tentent de faire, vainement.

– Comment ça se passe dans la cour ? demandé-je à Fanny pour mieux comprendre la nature interactionnelle de l'isolement que subit Justin.

– Mal, répond-elle, et de façon très monotone finalement. Justin s'approche d'un premier groupe et demande s'il peut jouer ; le premier groupe répond non. Enfin, très précisément, neuf fois sur dix, le premier groupe répond non. Et je pense que c'est pour la fois sur dix où on lui répond oui qu'il continue à demander. Il a toujours un espoir. Maigre. Mais un espoir quand même.

– Très finement analysé en effet, dis-je, en matière de relations humaines les espoirs qui nous font nous accrocher aux signes les plus ténus sont paradoxalement les plus intenses. (Il n'y a qu'à voir certains couples !)

– Oui, dit Fanny, c'est ce que je ressens en le regardant faire. Il s'approche alors d'un deuxième groupe qui lui dit non. De façon très persévérante, il s'approche d'un troisième groupe qui le rejette également. Alors, là, il s'approche de moi et les yeux larmoyants, il me dit : « Fanny, personne veut encore jouer avec moi. » C'est ce « encore » qui m'obsède et qui m'empêche de dormir la nuit…

– Et qu'est-ce que tu fais quand il te dit ça ?, lui demandé-je.

– Tout dépend de ma forme, répond Fanny dont j'admire la capacité d'autodérision, alors même que la situation qu'elle vit lui est si douloureuse. Et je me dis qu'il serait vraiment dommage que les élèves de ce département ne bénéficient plus de sa vive intelligence. Au début, j'avais encore de l'énergie, explique-t-elle, donc j'allais voir un des trois groupes et je leur disais : « Voilà, vous avez le choix pour cette récréation entre deux jeux différents ; le premier, c'est le jeu de la maîtresse, les règles sont assez simples, j'en prends un et je tape avec sur les autres jusqu'à ce que mort s'ensuive ou à peu près ; le deuxième, c'est n'importe quel jeu où vous jouez gentiment avec Justin. » Donc évidemment, ils choisissent le deuxième jeu, ils ne sont pas fous. Ils n'ont que 6 ans, ils n'ont pas envie de mourir tout de suite. Mais, et j'ai chronométré avec mes collègues pour en être sûre, au bout d'une minute et trente secondes maximum, record mondial mesuré, soit Justin est à nouveau exclu du jeu, soit le groupe a trouvé un jeu où, en gros, l'objectif consiste à le torturer sous une forme ou sous une autre.

– Donc ça ne fonctionne pas du tout ?

– Si, une minute et trente secondes, répond Fanny dans un sourire fatigué.

– Je n'ose presque pas te le demander, mais quand tu n'es pas en forme, tu fais quoi lorsqu'il vient te voir parce que personne ne veut jouer avec lui ?

– Je lui réponds que je ne peux pas m'occuper de lui à chaque récré, que je suis fatiguée et qu'il faut qu'il se débrouille un peu tout seul.

– Et ?

– Il s'en va et reste planté dans la cour, les yeux pleins de larmes, jusqu'à ce que la sonnerie retentisse.

Le groupe reste silencieux et, à cet instant, ce sont les larmes de Fanny qui coulent.

Jean-Paul

– Je vais te poser une question très douloureuse, mais je pense que ta réponse pourra nous éclairer sur la marche à suivre pour trouver une solution : « Est-ce que Justin t'agace ? »

– ... Oui, répond Fanny. Il est, comment dire, un peu collant, un peu suppliant avec tout le monde, je le comprends bien sûr, mais de plus en plus, quand je le vois arriver vers moi, je me sens comme envahie par ses supplications... mais je l'aime beaucoup, en même temps.

– Évidemment, lui dis-je, sinon, tu n'aurais pas apporté son cas ici. Il est parfaitement logique d'être ambivalente émotionnellement dans cette situation où tu te sens totalement impuissante.

Mais, tu le sais mieux que personne, les petits, jusqu'en primaire au moins, sont infiniment sensibles à ce qui plaît ou déplaît à leur enseignant. Ici, je me demande s'ils n'ont pas perçu que Justin t'agaçait, et ce, d'autant plus que cette irritation va grandissant. C'est comme si, évidemment sans le vouloir, tu leur donnais implicitement l'autorisation de l'isoler ou de ne pas être gentil avec lui. Il va falloir donc que nous trouvions une solution pour faire briller Justin dans tes yeux auprès de la classe. Ça, c'est le premier virage à 180° et qui te concerne, auquel nous devons réfléchir.

Pour celui de Justin, il est absolument impératif qu'il cesse de quémander l'amitié. C'est précisément le fait qu'il demande aux autres de jouer avec lui qui le met dans cette position d'infinie vulnérabilité. Il faudrait que nous trouvions une solution pour que non seulement il ne mendie plus l'amitié, mais en plus que les autres aient envie de le solliciter et que ce soit lui qui réponde non. Ce serait un vrai virage à 180° pour lui ; à mon avis, il est indispensable si on veut vraiment modifier la structure de la relation entre Justin et le reste de la classe.

Fanny prit solennellement la parole devant sa classe de CP une semaine plus tard :

– Comme ça manque un peu de vie ici, j'ai décidé de nous acheter un cochon d'Inde.

– Ouiiiiiiiiii, hurla la classe en chœur, merci maîtresse !

– J'ai décidé d'en confier la responsabilité pleine et entière à Justin.

– Mais pourquoi Justin, maîtresse ?

– Parce qu'il est gentil, soigneux, et parce que je lui fais confiance. Ça veut dire que lorsque Justin amènera Jean-Paul (c'est le prénom qui avait été choisi par Fanny pour le petit animal) dans la cour, parce que les cochons d'Inde aussi, comme les enfants et comme les maîtresses, ont besoin de récréation, Justin sera le seul à décider de qui pourra le toucher ou pas.

À cet instant précis, les épaules de Justin se sont immensément redressées, un peu comme s'il venait d'être nommé Premier ministre.

Elle lui avait dit au préalable :

– Justin, il faut que tu comprennes bien que plus tu vas aller mendier l'amitié, plus les autres risquent de te rejeter. Donc quand tu vas leur demander de jouer avec toi, c'est comme si tu recevais, presque à chaque fois, un coup de poignard dans le cœur. Pour t'aider à arrêter ça, tu vas emmener Jean-Paul dans la cour. Et, c'est très important Justin, si jamais des camarades de la classe viennent te voir pour te demander s'ils peuvent jouer avec Jean-Paul et toi, tu dois ABSOLUMENT dire non trois fois. D'accord ? Peut-être qu'ils ne viendront pas, dans ce cas, tu t'en fiches, tu joues avec Jean-Paul, mais si jamais, ils viennent…

– Trois fois non, maîtresse, j'ai compris.

Lors du premier bain de foule de Jean-Paul dans la cour de la petite école élémentaire où travaillait Fanny, celle-ci resta à proximité pour observer les conséquences de notre plan d'action.

Un premier garçon de la classe s'approcha de Justin et lui dit :

– Justin, si tu me laisses jouer avec Jean-Paul, je t'invite finalement à mon anniversaire.

– NOoOoOoOoooon, cria Justin, avec une colère immense, de celles dont on sent qu'elles sont réprimées depuis longtemps. Le camarade déguerpit d'ailleurs en pleurant, sans demander son reste.

Au groupe de trois (courageux, mais pas téméraires) qui osa s'aventurer timidement quelques minutes plus tard pour demander à caresser la mascotte, Justin répondit plus calmement, mais de façon très ferme, par la négative. Ils s'éloignèrent, déçus et surpris. Alors, c'est Juliette, la plus jolie fille de la classe, qui s'approcha avec ses grands cheveux et demanda d'une voix très douce : « Et moi, Justin, je peux caresser Jean-Paul avec toi ? » Justin, profondément tenaillé entre la chevelure de Juliette et la consigne de Fanny, fixa douloureusement sa maîtresse dans les yeux tout en répondant à voix basse en direction de la belle : « D'accord, mais vraiment pas longtemps. »

Fanny s'éloigna pour ne pas éclater de rire devant lui, avec la sensation, nous dit-elle, du devoir accompli. « Il est bien clair que Justin n'est pas devenu le leader populaire de sa classe, nous raconta-t-elle en fin d'année, mais il a réintégré le groupe classe. Il n'est plus jamais isolé. Surtout, il ne me sollicite plus du tout, donc il ne m'agace plus du tout, sourit-elle. »

9.

Décrochage

Irrécupérable ?

L'équipe du collège ne sait pas quoi faire avec Dylan.

En début d'année, cet élément très perturbateur de la classe de 6e 4 a déjà eu droit à toute l'attention du groupe des « allumés du 180° ». C'est ainsi que s'est autoprénommée cette enthousiaste et créative équipe d'enseignants, CPE et assistants d'éducation dont j'ai l'honneur d'animer les séances de réflexion sur le décrochage.

À l'époque, il a fallu outiller un certain nombre de ses camarades qu'il taquinait sans vraie méchanceté, mais de façon très systématique, ce qui rendait les cours très difficiles à mener, pour qu'ils puissent lui répondre collectivement de façon à le stopper. La stratégie a fonctionné, il a donc cessé ses moqueries et autres blagues idiotes, le climat dans cette classe est devenu plus serein et donc plus propice aux apprentissages collectifs. Mais pas à ceux de Dylan.

En ce mois d'avril, un certain nombre de ses enseignants s'inquiète de ses absences, de son quasi-désintérêt pour la chose scolaire, de ses immenses lacunes dans l'acquisition des fondamentaux et finalement de l'absence totale de lien entre le collège et lui. Et, conséquemment, de ce qu'il va convenir de prendre comme décision le concernant l'an prochain.

Les parents ont été convoqués.

Le père est venu et a expliqué qu'il ne voyait pas bien comment il pouvait faire quoi que ce soit, qu'il travaillait tard le soir et que s'occuper des devoirs de Dylan était impossible à cause de ses horaires. Il a ajouté que depuis que sa femme l'avait quitté, il n'avait pas les moyens de s'occuper tout seul de ses trois enfants et que le travail scolaire passait obligatoirement après les différentes choses à faire pour la maison, notamment en ce qui concerne Dylan, qui est l'aîné. « Moi non plus, j'aimais pas l'école et l'école m'aimait pas. C'est pareil pour Dylan, il apprendra vite un métier. C'est pas pour nous l'école », a-t-il conclu, fataliste.

Voici le compte rendu de la première réunion de supervision de pratique lors de laquelle le cas de Dylan est abordé :

– En cours, Dylan écoute la consigne en souriant, comme pour me faire plaisir. Essaie d'écrire vaguement, mais ne parvient pas à aligner un seul mot. Se penche sur ses voisins pour tenter de glaner un élément qui pourrait peut-être le mettre sur la voie. Puis renonce au bout d'une trentaine de secondes et passe le reste de l'heure à regarder par la fenêtre, commence à raconter une première enseignante.

– Il n'est pas capable d'écrire une ligne, il n'a jamais apporté de matériel scolaire depuis le début de l'année, je ne vois pas du tout ce qu'on peut faire, c'est désolant, renchérit une autre.

– Qu'est-ce qui a déjà été tenté, pour le mettre au travail ? demandé-je.

– Franchement, étant donné son niveau, pas grand-chose, répond sa prof principale. On lui met les mauvaises notes qu'il mérite, j'ai dû lui faire deux ou trois fois la morale, mais sans aucun résultat, il acquiesce en souriant et continue à ne rien faire. On veille simplement à ce qu'il ne perturbe pas trop le cours, ce qui n'arrive d'ailleurs presque plus depuis plusieurs mois. Mais il a 5 de moyenne générale, et encore, c'est parce qu'il a 18 en EPS. Mais 2 en français.

– Donc, et je le dis sans aucun reproche, si on doit synthétiser, on dit en gros à Dylan qu'on ne voit pas ce que l'école peut faire de lui, vu son peu d'implication et ses immenses lacunes. Et son père est d'accord avec ça.

– En même temps, c'est le triste constat que nous sommes bien tous obligés de faire, répond une des enseignantes.

– Je comprends. J'essaie juste de voir quel serait un virage à 180° dans ce cas. À moins que l'on considère qu'il faut renoncer et mettre votre énergie dans des cas moins désespérés.

L'équipe est clairement en désaccord sur ce sujet lors de cette passionnante réunion de supervision de pratique.

– Même si on parvenait à créer, par un coup de baguette magique, une étincelle de motivation chez Dylan, il n'a, d'après ce que disent la plupart de ses profs, même pas les notions de base pour en faire quelque chose, dit une assistante d'éducation.

– En réalité, on le suppute, mais on n'en sait rien, puisqu'il n'a quasiment jamais rien pu produire de ce qu'on lui demandait, dit le prof d'EPS. J'ai fait une expérience il y a peu avec lui parce qu'il s'était tordu la cheville à vélo : je lui ai demandé de chronométrer ses camarades et de noter leurs performances en course des haies dans un tableau. Puis de les ranger dans l'ordre décroissant pour annoncer ensuite les scores. Force est de constater qu'il n'a aucune difficulté avec les tableaux à double entrée, ni avec le classement des chiffres à décimales, quoiqu'on en pense.

– Tu aurais dû filmer l'affaire, dit sa collègue de SVT, comme ça, je pourrais peut-être te croire… là, franchement, j'ai du mal. On vous connaît, vous en EPS, toujours à défendre ceux qui ne sont bons qu'en sport…

– Je te jure, c'est différent. Moi aussi, j'étais étonné, je croyais qu'il n'était bon qu'en EPS, c'est pour ça que je vous le raconte.

– Ça signifie donc, et c'est intéressant, que lorsqu'on lui envoie le message inverse, c'est-à-dire : « J'ai quelque chose d'important à te faire faire », même dans le cadre scolaire, il s'exécute et parvient à mobiliser des ressources ?

– Pardon, dit un autre enseignant, mais ce n'est pour l'instant qu'une anecdote au regard de tout ce qu'il refuse de faire depuis le début de l'année et je ne vois vraiment pas ce que l'on pourrait lui confier dans les cours autres que ceux d'EPS qui aurait cette vertu… mobilisante sur les apprentissages.

– Peut-être pas sur les apprentissages, en effet. Mais juste sur l'école en tant que porteuse de quelques expériences positives, pour recréer le lien entre son univers et le nôtre. Qu'est-ce qu'il aime faire ?

– Faire du vélo, pendant les heures de cours de préférence. Il se cache dans les buissons au moment de la sonnerie, comme il est roux flamboyant, on voit parfois sa tignasse qui dépasse, mais il est franchement assez doué en dissimulation, d'autant plus qu'il est tout petit, il a le gabarit d'un gamin de huit ans… Il connaît tous les recoins du collège, il ne ressort qu'une fois que tous ses copains sont en classe, va chercher son vélo qu'il a caché je ne sais où et fait des roues arrière dans la cour jusqu'à ce qu'on le sanctionne, ce qui ne l'émeut pas du tout. Enfin bref, un vrai petit champion, ironise la prof de SVT.

– Oui, c'est assez peu académique en effet. Je ne vois pas bien comment nous pourrions nous en servir.

– Et… si on lui confiait l'accueil des futurs sixièmes ? demande une enseignante qui ne connaît pas Dylan.

– Mais enfin ! C'est une mission qu'on propose d'habitude aux élèves délégués, Brigitte, ce serait quand même étrange de la lui confier à lui qui ne fait strictement rien ! Et que veux-tu qu'il explique aux élèves de CM2 ?

– Tous les recoins et cachettes où se dissimuler pour ne pas aller en cours ? propose en souriant le prof d'EPS.

– C'est vrai que ça peut paraître un peu étrange, mais ce serait intéressant de voir si l'anecdote du chronométrage est réitérée sans prendre trop de risques puisqu'il sera sous notre contrôle, pendant la journée d'accueil, insiste Brigitte, tout en douceur. S'il accepte, évidemment.

– Moi, j'adore cette idée, dit la CPE.

– En tout cas, c'est un vrai 180°, renchéris-je.

– Moi, je suis sûre qu'il va refuser, dit la prof de SVT, ce sera beaucoup trop contraignant pour lui toute une journée à bien se tenir avec des adultes, alors que les autres n'ont pas cours et peuvent faire des roues arrière !

– Je pense d'ailleurs qu'il serait important, si nous nous mettons d'accord et s'il accepte la mission, de bien lui faire vivre toutes les contraintes qui y seront associées, précisé-je, sinon, cela signifierait qu'on ne le traite pas comme les autres et qu'on ne l'estime donc pas capable de faire comme eux, ce ne serait pas un vrai virage à 180°.

– Par exemple, il faut qu'il ait apuré toutes ses heures de colle, dit un assistant d'éducation, c'est le règlement.

– Eh bien, six heures de colle au compteur, il va falloir qu'il vienne une heure par jour pour avoir un casier vierge au moment de la journée des CM2 ! dit la CPE.

– Condition *sine qua non*. En plus du fait que l'on compte sur lui pour avoir un comportement de gentleman qui donne envie aux CM2 de venir l'an prochain dans notre collège.

– Et arriver à 7 heures ledit matin pour aider à la préparation de la journée.

– Bon courage à toi, Aurélie, disent certains professeurs à la CPE en quittant la réunion.

Super-Dylan

Supervision de pratique du 15 mai :

– Je vois un petit rouquin dans la cour, alors je m'approche de lui, dit la prof d'anglais, et je lui dis : « C'est toi Dylan, le responsable de l'accueil des CM2 ? » Il me répond en se rengorgeant : « Oui, M'dame, c'est bien moi. » Je lui demande : « Ça s'est bien passé ? » « Oui, M'dame, tout le monde est très content de moi ». Il avait l'air enchanté !

– Je crois bien, dit un des assistants d'éducation, qu'il a été arrêté une dizaine de fois dans la cour depuis une semaine par des gens du groupe de supervision qui lui ont demandé si l'accueil des CM2 s'était bien passé, un peu en mode star. Limite de signer des autographes !

– Il faut dire que ça a été assez incroyable, raconte Aurélie, il est arrivé tous les matins à 7 h 30 pour faire ses heures de colle la semaine précédente, il a participé à la journée d'accueil de façon hyperconstructive, et depuis, sa prof principale m'a fait remonter pour notre réunion d'aujourd'hui qu'il s'était acheté une trousse et du matériel. Bon, il y avait trois bâtons de colle et essentiellement des crayons de couleur, mais il était extrêmement fier de la poser sur la table. Elle a regardé avec lui à la fin du cours ce qui lui manquait. Je me suis dit que c'était un premier frémissement intéressant... Et ce qui a beaucoup joué, je crois, c'est que j'ai dû revoir son père pour lui parler du changement d'horaire concernant la journée d'accueil des CM2 et il était vraiment très content qu'on confie cette responsabilité à Dylan. Il paraît que depuis il lui a créé un coin particulier pour qu'il puisse travailler à la maison.

– Moi, comme je n'avais pas eu le temps de lire le compte rendu de la dernière réunion, je n'étais au courant de rien concernant la stratégie élaborée, dit le prof de maths de Dylan. Et la semaine dernière, je le vois arriver avec son cahier. Déjà, je m'inquiète. Et là, je manque de tomber de ma chaise : il lève le doigt pendant le corrigé, il avait fait un des exercices ! Je lui ai demandé ce qui lui arrivait tellement j'étais étonné. Il a répondu : « Rien, M'sieur » en se marrant comme s'il avait l'impression de m'avoir fait une blague. Je comprends mieux maintenant…

– Moi, en me servant de ce que nous nous étions dit la dernière fois, je lui ai demandé de m'aider à faire travailler la classe en sous-groupes pour les dictées, parce que je crois vraiment que le français est une matière pour l'instant beaucoup trop compliquée. Alors je me suis dit que, pour qu'il ne décroche pas totalement, ce serait bien qu'il y participe d'une façon ou d'une autre. Il a immédiatement accepté – comme ça, cet exercice horriblement ennuyeux lui était épargné – et il a animé la séance. Je peux vous assurer que le premier qui ouvrait la bouche sans avoir préalablement levé la main était vivement remis en place par Dylan. J'ai eu un calme absolu pendant toute l'heure dans le groupe qu'il gérait. Je l'en ai solennellement remercié à la fin.

– Bon, ben on dirait bien qu'en EPS, en maths et surveillance on va pouvoir en faire quelque chose, dit le prof d'EPS en souriant.

Compte rendu de la supervision de pratique du 5 juillet :

En ce qui concerne Dylan, l'équipe est unanime sur la fin de l'année : les progrès en matière d'implication sont remarquables : il cherche un autre type de valorisation que celui qui consiste à se cacher dans les buissons au moment de l'appel.

À suivre à la rentrée.

10.
Le trop-plein de Fathia

Le problème avec les tiroirs

Brigitte est une de ces enseignantes incroyables. Increvables. (En tout cas, tout le monde entier l'espère, des élèves au chef d'établissement en passant par ses collègues, l'infirmière et les parents.)

Qui travaille dans un collège dit difficile, avec une population mixte, à CSP moyennes/basses. Elle habite dans le quartier dudit collège et ne déménagerait pour rien au monde.

Une de ces enseignantes qui dépense en temps, en énergie, en argent propre même, plus que personne ne peut l'imaginer ; qui passe des soirées à apprendre des mots importants aux enfants du collège, parce que « vous comprenez, les notions fondamentales, mais un peu conceptuelles, ils les verbalisent dans la langue qu'ils parlent à la maison ; pas en français et donc ça empêche des apprentissages dans toutes les matières ».

Une de ces enseignantes qui fait que la colère me saisit instantanément quand j'entends parler de feignasses, de « fonctionnaires », de privilégiés.

Fathia n'habite pas loin de chez elle. Brigitte l'a eue comme élève en français en quatrième et a été très touchée (elle l'est souvent, c'est ce qui explique son épuisement parfois) par les immenses efforts de la jeune fille pour ne pas décrocher et parvenir jusqu'aux bancs du lycée en obtenant son brevet.

Mais là, c'est l'année du bac, Brigitte n'est plus son enseignante et elle se sent très démunie.

– Elle est prête à abandonner, me dit-elle. Elle a vingt points de retard en français, c'est vrai que ça paraît difficile, et surtout elle me dit qu'elle a l'impression de marcher à l'envers sur un tapis roulant qui va plus vite qu'elle.

– Elle est bonne en métaphores en tout cas, m'exclamai-je, c'est très parlant sur les sensations de vertige et d'impuissance qui sont les siennes.

– Oui, elle est vraiment très pertinente, simplement elle travaille beaucoup trop, sans méthode, donc ça la fait paniquer au moment des devoirs sur table et des épreuves blanches, mais elle refuse d'en changer. Je ne sais pas quoi faire, c'est horrible, on finit même par se disputer.

– C'est-à-dire, travailler trop sans méthode ?

– Elle est en STMG, moi, je suis nulle dans tout ce qui est gestion, droit, management. Je l'aide en philosophie et en histoire-géo, c'est coef. 2 pour chaque matière, nous nous retrouvons à la médiathèque deux fois par semaine et j'essaie de lui poser des questions ou de la faire réfléchir sur des sujets, mais je vois bien qu'elle essaie à tout prix de se souvenir des choses, comme si elle refusait de réfléchir. Elle me recrache littéralement un cours qui n'a rien à voir avec la question que je lui ai posée. Il se passe la même chose pendant les devoirs sur table, c'est ce qu'elle essaie de faire : essayer d'aller chercher dans les tiroirs de sa mémoire. Au lieu de faire confiance à son intelligence et, du coup, elle panique. Soit elle rend un hors-sujet, soit feuille blanche.

– Et qu'est-ce que tu lui dis à ce moment-là ?

– Je lui dis : « Arrête, essaie de réfléchir, tu me vomis un cours qui n'a rien à voir. Si tu fais ça au bac, tu feras un hors-sujet et tu n'auras pas la moyenne. Alors que tu as les capacités. Essaie simplement de réfléchir. » Mais c'est horrible comme phrase, je m'en rends compte en vous le disant. C'est comme si elle avait perdu le mode d'emploi et moi je l'exhorte à le suivre, n'importe quoi, c'est limite cruel.

– Tu fais du mieux que tu peux, en même temps. Elle répond quoi ?

– « Tu vois bien que non. Tant pis, je n'irais pas ; je ne suis pas à la hauteur. Je suis désolée de te décevoir, Brigitte. »

– C'est vraiment triste de voir autant d'énergie et de courage déployés pour s'arrêter juste avant la dernière ligne droite. Tu penses qu'elle a renoncé définitivement ou qu'il y a encore un petit espoir ?

– En l'état actuel des choses, je pense que c'est mort. Si évidemment on trouve une baguette magique pour qu'elle ait l'impression d'apprendre mieux, alors ça pourra changer la donne.

– Est-ce qu'elle t'écoutera si tu lui dis que tu en as parlé en supervision ?

– Plus que si je lui dis que c'est moi qui ai eu l'idée toute seule, en tout cas, répond Brigitte en souriant.

– Quand sont les prochaines épreuves blanches ?

– Dans un mois.

– Est-ce que d'ici à la semaine prochaine, tu peux lui demander de remplir pour nous deux recueils d'observation distincts :

• Comment elle s'y prend exactement pour retenir ses cours d'histoire-géographie et de droit. Précisément, comme si nous étions une caméra vidéo sur son épaule.

• Ce qui se passe pendant les devoirs surveillés. Si elle n'en a pas dans les jours qui viennent, qu'elle fasse appel à sa mémoire : est-ce qu'elle stresse ? Si oui, à quel moment ? Que fait-elle pour tenter de rendre une copie correcte ?

Tu lui dis que nous avons besoin de ces observations détaillées pour être sûrs de lui proposer la bonne méthodologie en matière d'apprentissage. Parce que nous n'avons plus beaucoup de temps à perdre.

De la puissance des métaphores

Comme vous l'aurez compris tout au long de cet ouvrage, pour pouvoir aider l'un de vos élèves à opérer un virage à 180°, il faut vraiment que vous ayez une vision la plus exhaustive possible de ce qu'il a déjà tenté de mettre en œuvre pour résoudre son problème et qui n'a pas fonctionné, sinon le virage risque de ne pas prendre le bon angle et donc d'être beaucoup mois productif.

Brigitte que je supervise régulièrement le sait, c'est donc un compte rendu très précis qu'elle rapporte la fois suivante :

– Pour ce qui est de son travail à la maison, elle lit un paragraphe, elle l'écrit, elle le relit écrit par elle parce qu'elle prétend qu'elle a une mémoire visuelle, au moins trois fois, et elle se le récite. Paragraphe après paragraphe. Ce qu'elle espère, c'est qu'au moment voulu, c'est-à-dire le lendemain, au devoir sur table, elle saura se souvenir de l'endroit où se situe le paragraphe dans ses fiches et donc de son contenu. Ça marche, selon elle, une fois sur trois, mais elle est certaine que si elle n'apprend pas de cette façon, elle tombera à zéro fois sur trois.

À noter que même les fois où cela fonctionne, elle oublie tout ce qu'elle a appris deux jours plus tard, pratique pour prendre de l'avance !

Pour ce qui est des épreuves elles-mêmes, elle se jette sur la feuille, lit la consigne et essaie d'y répondre le plus rapidement possible en allant chercher dans les fameux tiroirs de sa mémoire. Quand elle pense que c'est le bon tiroir, elle écrit tout ce dont elle se souvient, sans réfléchir et elle n'y touche plus. Quand elle ne trouve pas le bon tiroir, après plusieurs tentatives, elle renonce et rend feuille blanche. À la fin de l'heure, pour ne pas se faire remarquer. Elle dit que lorsqu'elle ne parvient pas à se souvenir, elle a des palpitations, la vue qui se brouille et envie de pleurer. Les matières les plus horribles sont l'histoire-géo, le droit et le marketing. Elle a 7 de moyenne générale, mais c'est surnoté parce que ses enseignants l'adorent. Aux premières épreuves de bac blanc, corrigées par d'autres collègues, elle a eu 5 de moyenne. Voilà, je crois que j'ai fait le tour.

– Excellentes observations. Ce qui serait vraiment utile à ce stade, si le groupe veut bien réfléchir, ce serait de trouver une métaphore qui rende répulsive la tentative de régulation de Fathia qui consiste à tout apprendre par cœur, c'est-à-dire à ne faire confiance qu'à sa mémoire et pas à son intelligence. Je pense que le langage métaphorique lui parlera beaucoup plus que le rationnel. Comme Brigitte lui a déjà expliqué ce qui se passait, nous devons être astucieux pour que cette métaphore soit vraiment très percutante et lui fasse peur.

– On pourrait dire que sa mémoire prend tout le devant de la scène dans son cerveau, dit une des enseignantes (de français, faut-il le préciser ?), alors qu'elle n'en a pas les compétences, contrairement à son intelligence.

– Oui, et ?

– Que non seulement le résultat n'est pas brillant, mais qu'en plus ça vexe terriblement son intelligence qui se retrouve derrière à ne jouer que les figurantes, donc qui boude en coulisses et va finir par refuser de tenir ne serait-ce qu'un petit rôle, pour se venger de cette injustice manifeste et improductive.

– Excellent, j'adore. Le combat des deux têtes d'affiche avec l'une qui renonce, mais cherche à se venger du metteur en scène qui lui a préféré une mauvaise (plus jeune et plus belle sans doute). Il faudrait concrétiser cette idée de l'intelligence qui se venge, et des manifestations que cela pourrait prendre. Quelle serait selon toi, Brigitte, sa peur la plus épouvantable ?

– Je pense que ce serait d'aller aux épreuves du bac, de perdre tous ses moyens pendant les épreuves et de rendre feuille blanche.

– Il va donc falloir que nous nous en servions astucieusement. Tu vas lui dire que nous avons réfléchi à son cas et que nous sommes très inquiets parce que si elle continue dans cette voie, pour nous, ce n'est pas la peine qu'elle se présente aux épreuves. La façon dont elle a en effet malmené son intelligence, en ne lui donnant aucun rôle pour cette représentation essentielle qu'est le baccalauréat, risque bien de faire qu'elle se venge de la façon la plus horrible qui soit : en ne donnant plus à Fathia un quelconque accès à ses ressources. Ça veut dire qu'elle refusera même de l'aider à lire les consignes ; elle lui fera perdre tous ses moyens, même les plus basiques, évidemment au pire moment, parce qu'elle est très en colère : pendant les épreuves du bac. Et Fathia se retrouvera seule avec sa mémoire qui lui servira encore moins que d'habitude.

Mais la bonne nouvelle, c'est que si elle suit scrupuleusement ce que nous avons imaginé pendant les semaines qui viennent au niveau des révisions et durant le mois de mars au moment des épreuves blanches, alors il sera sans doute possible de réapprivoiser son intelligence, mais il est possible que ça ne fonctionne pas, tout dépendra de l'état de vexation de cette dernière.

Quelques semaines plus tard, Brigitte nous raconte son entretien avec Fathia :

– Après la métaphore, et pour la responsabiliser encore plus avant de lui présenter les consignes, je lui ai dit que je trouvais ça superdur à faire, et assez risqué au fond, ce que le groupe de supervision proposait, et que je comprendrais qu'elle ne le fasse pas, ce qui l'a immédiatement motivée encore plus, bien évidemment, nous raconte Brigitte.

Elle m'a répondu que foutu pour foutu, autant essayer autrement.

Quand je lui ai dit que, dorénavant, il était strictement interdit d'apprendre par cœur une phrase qu'elle n'avait pas comprise, elle a souri en disant : « Eh bien, j'aurais beaucoup moins à apprendre, alors ! »

Ensuite, je lui ai indiqué comment elle devait s'y prendre pour les cours à apprendre, en histoire dans un premier temps :

- Lire le chapitre en entier, refermer le livre, écrire trois idées clés maximum de ce que dit ce chapitre avec ses propres mots et les apprendre par cœur. Apprendre également trois dates et trois anecdotes.
- Relire le chapitre une fois avant l'épreuve.
- Surtout rien de plus quoi qu'il arrive.

Là, elle s'est inquiétée : « Mais si je ne comprends rien à ce que je lis ? – Alors tu me demanderas et on essaiera de synthétiser ensemble le chapitre avec des mots que tu comprendras. »

Enfin, je lui ai dit qu'à partir de maintenant, à chaque épreuve, dès qu'elle sentait qu'elle commençait à perdre la connexion avec son cerveau, elle avait pour consigne :

- De retourner la feuille d'énoncés pour ne plus la regarder.
- De rester cinq minutes en ne faisant rien, sauf à écrire ou dessiner des choses qui lui venaient en tête si jamais il y en avait, ce qui ne serait sûrement pas le cas.
- Puis de s'y remettre.
- De refaire la pause de cinq minutes chaque fois que son corps le lui demandait en lui envoyant des signaux de stress.

Et j'ai bien vu qu'elle ne pourrait vraiment le mettre en place que pour une seule matière, parce que ça lui faisait horriblement peur.

Liberté fut donc laissée à Fathia de n'appliquer ces consignes qu'en histoire-géo dans un premier temps, pour la laisser décider ensuite de le généraliser ou au contraire l'abandonner après les épreuves de bac blanc.

Sa moyenne générale aux épreuves de mars fut de 7 avec un étonnant 12 en histoire-géo. Mais elle ne put se résoudre à généraliser cette méthode étrange, sans doute était-ce trop tard et donc trop angoissant.

Paradoxalement, je ne peux m'empêcher de penser que des résultats aussi spectaculaires peuvent donner lieu à une croyance inverse à celle que nous visons : si ça a si bien fonctionné, c'est qu'il y a un côté magique, difficilement renouvelable, il est donc sans doute plus sage de ne pas trop se fier à cette nouvelle méthode. C'est pourquoi il est important lorsque le changement a eu lieu qu'il soit consolidé de façon rigoureuse, pour ne pas laisser s'installer d'autres explications plus ésotériques, comme la Lune en Saturne ou un printemps particulièrement clément. C'est ce que, faute de temps, nous n'avons pas pu faire avec Fathia.

Elle est allée au rattrapage avec 20 points de retard et 11 en histoire. Elle l'a eu de justesse, grâce à bon dossier.

Avec Brigitte, au pot de fin de supervision, on a débouché une bouteille de champagne.

TROISIÈME PARTIE

Chers parents

Ah ! Enfin, on en parle dans ce livre de ce personnage avec lequel les interactions sont parfois génératrices de bien des émotions, chez vous comme chez lui.

Parents inquiétés par des messages en effet très anxiogènes à propos du moule particulièrement étroit auquel leur progéniture doit se conformer (pour faire d'eux de bons parents) et qui ont besoin d'être rassurés, tout le temps, sur tout.

Parents poussés dans leur volonté d'en découdre avec l'institution Éducation nationale, et les enseignants en particulier pour ne pas être se sentir comme seuls responsables des échecs et des souffrances de leurs enfants.

Parents protecteurs ne supportant pas la moindre mise en cause de leurs fils ou filles.

Parents détestant pour de bonnes et de moins bonnes raisons l'institution scolaire dans son ensemble.

Parents vindicatifs et injustes, indûment soutenus parfois par des directions ne souhaitant pas de vagues.

Parents devenus consommateurs, juges, coachs, inspecteurs.

Parents qui pourtant peuvent se transformer en de remarquables partenaires.

Parents avec lesquels un virage à 180° est parfois immensément bénéfique. Pour eux, comme pour vous.

11.
L'escalade symétrique

Je vous préviens, je connais très bien le recteur

Cette escalade est souvent engendrée par une banale convocation des parents.

Il faudrait d'ailleurs réfléchir un peu à ce terme et à ses modalités qui, avant même toute confrontation physique, créent un climat de commissariat de police assez peu propice à un échange équilibré[1]. Comme si avant même de communiquer avec les parents, vous leur envoyiez déjà un message désagréable et jugeant. Certains, conséquemment, ne viendront pas. D'autres viendront à reculons et immédiatement sur la défensive.

Les lieux de rendez-vous ont aussi leur importance. Sans vouloir transformer ces salles en salons de thé, je me souviendrai longtemps

1. Chacun a en effet bien en tête que ces convocations de la part de l'établissement n'ont lieu qu'en cas de problème. Pas pour s'entendre dire à quel point son enfant donne à votre métier toute sa valeur sacerdotale...

de cette inconfortable sensation d'avoir moi-même 7 ans lorsque je fus reçue par l'instituteur de ma fille qui m'invita à prendre place sur la chaise de cette dernière. Je ne me sentis pas exactement valorisée dans mes compétences maternelles avant même d'avoir ouvert la bouche. Asymétrie peu propice *a priori* à un échange à égalité.

Je suis tout à fait favorable à la proposition d'interprètes dans le cas de parents ne maîtrisant pas le français, ce qui est le cas aujourd'hui dans un certain nombre de collèges, et qui permet de ne pas mettre l'élève dans la situation de traducteur (plus ou moins neutre) de ses parents, ce qui les met *de facto* dans une position extrêmement basse et donc, c'est bien logique, peu collaborative.

Souvent, l'entretien commence par votre commentaire, sur un mode souriant, mais ferme, des comportements parfois dérangeants de la créature conçue avec le plus de soin possible, faut-il vous le rappeler, par le ou les artistes sis de l'autre côté du bureau.

Vous dites par exemple : « Ce serait bien que Jérémie arrête de faire le pitre en classe et d'être aussi insolent, parce que non seulement ce n'est pas bon pour ses notes, il a eu 7 au dernier devoir sur table, mais en plus il perturbe les autres. » Cette entrée en matière peut évidemment s'avérer efficace dans un certain nombre de cas. Bien heureusement. Dans d'autres, elle est interprétée comme : « Comment donc avez-vous pu faire pour aussi mal élever ce gosse, c'est hallucinant ! »

Cette interprétation disproportionnée par rapport à votre intention première est surtout le fait de parents auxquels l'institution a souvent dit que le petit Jérémie n'était pas adéquat. Ils sont donc musclés à la contre-attaque et un tantinet susceptibles.

De ce fait, elle peut déclencher une réponse telle que : « Ah bon, c'est bizarre, chez nous, il est très sympa » (le parent n'hésite pas lorsqu'il se sent acculé à mentir de façon éhontée). Ou : « C'est étrange parce que l'an dernier en maths, ça se passait très bien. » (Votre collègue est en réalité parti en dépression à cause principalement de Jérémie, mais même sous la torture, ses parents ne l'admettront pas.) Ce qui, évidemment, peut être interprété par vous comme : « mauvais élève, mauvais maître », ou quelque chose d'approchant qui n'est pas de nature à apaiser ni la relation ni votre agacement.

Conséquemment, c'est bien logique, vous pouvez être poussé à répondre : « En tout cas, ce qui serait bien, c'est que nous ayons un discours un peu cohérent, vous et moi, à propos du côté inadmissible de son comportement, parce que sinon, évidemment… »

Sous-titré par vos interlocuteurs comme ceci : « Si vous persistez dans votre attitude de parent dans le déni et laxiste, je ne pourrais rien pour votre gamin. »

Ce qui suscite une réponse à la fois logique et amplificatrice du conflit de la part des éducateurs de Jérémie : « Parce que vous êtes en train de nous expliquer que Jérémie est le seul à perturber vos cours ? Ce n'est pas ce que nous avons entendu dire... »

À partir de cet instant, c'est bien pratique, les sous-titres ne sont plus nécessaires, chacun va clairement dire ce qu'il pense des compétences de la partie adverse, les parentales d'une part, les pédagogiques de l'autre. Et ce n'est pas très agréable à entendre.

– Du coup, je comprends mieux l'attitude de Jérémie, si l'insolence et le je-m'en-foutisme ne vous posent pas de problème, dites-vous (un peu) perfidement.

– Ce n'est quand même pas de la faute de notre fils, et encore moins de la nôtre si vous ne savez pas tenir une classe ni intéresser les élèves à votre matière, Monsieur ! rétorquent méchamment les parents.

– Je tiens ma classe, Monsieur, et s'il n'y avait pas votre fils, clairement, je n'aurais aucun problème. (Ce qui est un peu faux, avouez-le, mais il arrive un moment où c'est mauvaise foi contre mauvaise foi.)

– C'est bien ce que nous pensions, vous l'avez pris en grippe et vous lui faites payer votre incompétence. Sachez que nous n'en resterons pas là. D'ailleurs, je voulais vous dire : je connais très bien le recteur.

Ce qui est certain, à l'issue de ce combat qui vire de l'implicite à l'explicite, c'est qu'il y a vraiment peu de chances pour que la relation entre Jérémie et vous soit meilleure. Il y a même fort à parier qu'il vous sorte encore plus par les yeux dans la mesure où chaque fois que vous le verrez, vous ne pourrez vous empêcher de penser à son père. Et au recteur.

Parallèlement, l'évaluation qui sera faite de vous le soir dans la salle à manger de la famille de Jérémie ne sera sûrement pas de nature à le pousser à vous respecter davantage.

On peut donc en conclure que cette convocation a provoqué exactement l'inverse de ce que vous aviez comme objectif au moment où vous l'avez rédigée.

J'ai souvent l'opportunité de me trouver face à des parents qui me racontent cette scène, ou une autre s'en approchant dans sa structure interactionnelle, et je décode avec eux le cercle vicieux de la même façon qu'avec vous.

Faire des nœuds

Il est en effet souvent assez éclairant d'analyser les interactions comme si elles étaient des liens tissés entre les gens.

Dans la situation qui nous intéresse ici, il y a un lien entre vous et Jérémie, un lien entre Jérémie et ses parents, un lien entre vous et les parents de Jérémie. Chacune de ces parties a un impact sur le lien qu'il tient par un bout.

Vous pouvez faire un certain nombre de choses pour améliorer (ou détériorer) votre relation avec Jérémie ; *idem* pour ce qui est de votre relation avec ses parents.

Ces derniers peuvent faire de même en ce qui concerne la relation qu'ils entretiennent avec vous et celle qu'ils ont avec leur fils.

Mais, dans la mesure où ils ne tiennent pas par une de ses extrémités le lien interactionnel qui existe entre Jérémie et vous, ils ne peuvent avoir un impact dessus. Ou plus précisément, en interférant dans une relation qui n'est pas la leur pour tenter de l'améliorer, ils prennent le risque de la dégrader encore plus. C'est exactement ce qui vient de se passer.

En miroir, de la même façon, lorsque vous tentez de modifier les modalités éducatives des parents de vos élèves pour renforcer une forme de cohésion adulte sur la nécessité de « mettre des limites » à leur enfant terrible, il est très probable qu'une forme de protection parentale invisible se mette immédiatement en place et réduise tous vos efforts de rassemblement des raisonnables adultes à néant.

Tout se passe souvent comme si le fait même d'être en dehors d'une interaction et de vouloir à tout prix la modifier provoquait strictement l'effet contraire. Pour n'en prendre que quelques exemples :

- C'est le cas dans les problèmes relationnels entre élèves, lorsque l'on tente à tout prix de faire en sorte qu'un enfant soit aimé par les autres (comme dans le cas de Justin au précédent chapitre). Et que cela génère exactement l'inverse.
- C'est le cas au sein des familles recomposées lorsque le parent biologique fait tout pour que les relations soient harmonieuses entre son enfant et son nouveau conjoint. Et provoque douloureusement l'opposé à chacune de ses tentatives.
- Mais c'est le cas aussi lorsque, par exemple, une mère, inquiète par le choix sentimental de sa fille ou de son fils, met tout en œuvre pour détourner son enfant de la relation : ce faisant, elle prend un très gros risque de voir cet amour prospérer davantage. Cela est également valable pour les amitiés jugées « nocives » au moment de la préadolescence.

Ce qui me semble essentiel, chaque fois que je me retrouve à accompagner ce genre de situations, c'est d'aider enseignants et parents à renforcer des liens trop fragiles ou à soigner des relations génératrices de souffrance, mais en se concentrant bien sur les liens qu'ils tiennent, eux. Tout en proposant d'avoir à chaque fois confiance dans les intentions de l'autre dans la gestion de ses propres interactions. Parce qu'en dehors de quelques pervers forcément présents au sein du corps professoral ou des familles de France, l'envie de faire le maximum pour le bien de l'enfant est une préoccupation partagée.

Aux parents, je dis donc : « Il me semblerait beaucoup plus efficace, au regard de l'objectif qui est le vôtre, à savoir l'amélioration des relations entre votre fils et ses enseignants, que vous fassiez exactement l'inverse de ce que vous venez de faire. C'est-à-dire, et ça ne va pas vous plaire, que vous alliez présenter vos excuses en disant : “Je suis désolée pour l'entretien de l'autre jour, nous nous sommes emportés pour rien, c'est parce que nous sommes à la fois très inquiets et très démunis. Nous avons bien conscience que vous faites ça pour le bien de Jérémie, et nous sommes là pour vous écouter et mettre en œuvre ce que vous nous conseillerez. C'est vous qui savez, évidemment.” »

Je ne vous cache pas que, dans de nombreux cas, cette proposition génère une très vive irritation chez le parent assis dans mon cabinet.

Je lui dis alors : « Ou bien vous pouvez continuer l'escalade symétrique, alerter le recteur, continuer à vous battre pour faire muter l'enseignant en question, mais votre objectif ne sera pas atteint, c'est certain, et vous faites faire un apprentissage très dangereux à votre fils : celui selon lequel il n'est pas grave qu'il ne sache pas gérer ses relations puisque vous le ferez à sa place. C'est évidemment faux. Lorsque son patron ne sera pas content de lui, ce n'est pas vous qui irez résoudre le problème. Enfin, je l'espère. »

Dans la majorité des cas, ils en conviennent, mais ont besoin de s'entraîner pas mal avant de prendre rendez-vous pour vous montrer leur changement d'attitude.

Ne pensez plus élève, pensez prunelle de leurs yeux

Vous oubliez souvent ce fait essentiel qu'il est physiquement et psychiquement quasi insupportable au parent de l'actuelle génération de s'entendre dire quoi que ce soit de négatif sur sa progéniture. Cette amnésie est d'ailleurs assez étrange, car, en tant que parent-enseignant, l'honnêteté me pousse à vous le dire, vous réagissez souvent de façon très conforme à cette règle.

Cette allergie est d'ailleurs à mettre en perspective avec les injonctions funestes dont vous êtes les réceptacles en tant qu'enseignant et que je détaille au début de ce livre, et notamment celle-ci : « Vous devez vous adapter à tous et à chacun », surtout à chacun quand celui-ci s'avère être l'enfant de la personne inquiète qui se trouve devant vous. Si à ce parent qui vous crie silencieusement : « Dis-moi qu'il est beau mon fils », vous répondez : « Le comportement de Jérémie est absolument déplorable », évidemment le dialogue risque d'être compliqué.

Une des règles fondamentales en matière de communication, c'est qu'il est souvent improductif, voire dangereux de s'attaquer à la prunelle des yeux de son interlocuteur.

En vous appuyant sur cette règle de bon sens, voici comment vous auriez pu aborder l'entretien avec les parents de Jérémie.

– Sacré Jérémie ! Il a de l'énergie à revendre, dites donc, un vrai clown. Il tient ça de qui ?

Message implicite : il est sympa votre gamin, superdrôle. (Évitez la tête d'enterrement à cet instant précis qui serait assez peu congruente, le parent inquiet est très observateur des incongruences de l'enseignant qui le convoque. Je vous invite à vous entraîner devant une glace, ou mieux devant votre conjoint.)

Je vois d'ici votre visage s'allonger : vous ne trouvez pas Jérémie sympa, ni drôle.

Donc en effet, c'est mentir.

C'est un peu moche. Mais c'est pour respecter la fameuse règle sans laquelle l'escalade symétrique prospérera immanquablement entre les parents et vous. Option que vous êtes absolument libre de continuer à utiliser maintenant que vous en connaissez les conséquences.

– Euh, plutôt de moi, je crois... le problème c'est que ses notes ne sont pas bonnes et qu'il a pas mal de mots dans le carnet du coup, vu qu'il fait le clown, répondrait peut-être le père.

C'est donc lui qui vous soumettrait le problème, ce qui est évidemment plus confortable.

– Oui, c'est vrai, il va falloir que nous le canalisions, mais sans non plus vouloir le faire taire, évidemment, parce que c'est quand même un vrai talent que de savoir faire rire les autres. Je pensais que, par exemple, il pourrait nous raconter une blague au début de chaque cours, comme ça il continue à développer son aptitude innée d'ambianceur, mais il ne le fait plus pendant le cours. Et s'il écoute mieux après ça pendant l'heure, vif comme il est, il devrait rapidement améliorer sa moyenne. Si ça ne suffit pas, si je vois qu'il est toujours agité, je pourrais lui demander de se lever au milieu du cours pour nous en raconter une bien bonne. Qu'en pensez-vous, vous pourriez peut-être en parler avec lui ?

La cohésion que vous appeliez de vos vœux a beaucoup plus de chances d'être créée dans ce cas-là avec un père qui, en rentrant le soir, dira à Jérémie : « Il est sympa, ton prof, il t'aime bien. Il s'adapte à toi, tu vois. » Ce qui est vrai. Comme il est assez probable que Jérémie n'ait pas du tout envie de vous obéir en faisant une blague chaque fois que vous le lui demandez (ce serait trop être une victime), il se peut qu'il mette un frein à son côté GO.

Quoi qu'il en soit, vous ne vous serez pas mis ses parents à dos.

C'est mieux pour vous et surtout, c'est beaucoup mieux pour lui.

12.

La grand-mère de Basile

– Elle me fait de la peine, cette grand-mère, dit Lucie en supervision de pratique. On voit bien qu'elle fait tout pour que son petit-fils soit le mieux vu possible par ma collègue et moi, mais c'est peine perdue, Basile se fiche de tout. Elle vient nous voir tous les jours au portail et nous demande s'il s'est bien comporté, s'il a eu de bonnes évaluations, s'il a été poli avec nous. C'est horrible, parce qu'on ne peut quand même pas lui mentir, donc même si l'on atténue un peu, on est bien obligées de lui dire que Basile a encore oublié ses affaires de gym, qu'il n'a pas totalement fini son exercice et qu'il a fait des cris d'animaux pendant la lecture. Alors on voit son visage qui s'allonge, et elle repart en faisant des reproches à voix basse à Basile qui semble s'en moquer totalement.

J'expose ce cas en supervision de pratique parce que l'autre jour, alors que je lui disais que vu son comportement (il avait toute la semaine fait le pitre en classe), Basile ne viendrait pas à la sortie du vendredi au théâtre, sa grand-mère s'est mise à pleurer en disant qu'elle n'y arrivait pas. Qu'elle ne savait plus quoi faire pour qu'il arrête de se comporter « comme un voyou ». Je me suis sentie trop mal, je ne pouvais pas être celle qui, d'une certaine manière, la faisait pleurer, et en même temps celle qui la consolait, mais j'avais vraiment l'impression de ne pas faire souffrir la bonne personne. Elle est donc partie, toute voûtée, Basile marchant à côté d'elle, peut-être un peu plus perturbé que d'habitude, mais rien d'horrible, je vous rassure. Je me suis demandé s'il fallait revenir sur la sanction, mais je me suis dit que ce ne serait bon ni pour Basile ni pour elle, et d'une certaine manière encore moins pour nous.

Je suis certaine qu'on peut l'aider, mais je ne vois pas quel est exactement le 180° dans cette situation. J'ai l'impression qu'avec la grand-mère, nous partageons le même objectif, mais que nous ramons à l'envers les unes des autres. C'est d'autant plus perturbant, paradoxalement, que c'est une grand-mère qui nous écoute, qui est prête à faire plein de choses, mais je ne sais pas la guider.

– C'est à mon avis une très fine analyse. Qui souffre le plus selon toi ? demandé-je à la jeune institutrice de CM1.

– La grand-mère, sans aucun doute. Nous, on en a pris notre parti, on le sanctionne quand c'est pénible pour le groupe, mais on a un peu renoncé à le mobiliser parce qu'il ne s'en sort pas si mal au niveau des apprentissages. Quand ça l'intéresse. Donc ni ma collègue ni moi ne sommes très inquiètes. Il est simplement beaucoup plus léthargique que la moyenne, et les sanctions n'ont pas beaucoup d'impact sur lui. Je vous dis, c'est comme s'il se moquait de tout, comme s'il savait que rien de grave ne peut lui arriver. Donc, peut-être qu'il le cache, mais lui ne donne vraiment pas l'impression de souffrir. Il a des amis, il n'est pas vraiment en échec, simplement il fait le minimum. Il a pleuré une fois parce qu'il avait eu un zéro en récitation, il ne la connaissait pas du tout, alors que d'habitude il se débrouille pour en connaître au moins la moitié. Mais c'est la seule situation où je l'ai vu exprimer une émotion négative devant nous.

– Est-ce que vous avez une idée de ce que fait sa grand-mère pour le faire bouger ?

– Oh là là, mais c'est un travail à plein temps pour elle ! Et encore, nous ne voyons que la partie dont elle veut bien nous parler, je pense que c'est encore pire que ce que nous imaginons.

Par exemple, comme Basile ne note pas ses devoirs ou toujours partiellement, elle a une liste de parents d'élèves auxquels elle téléphone le soir (elle m'en a demandé une dizaine autour de chez eux pour ne pas toujours solliciter les mêmes) pour avoir la liste des choses qu'il a à faire pour le lendemain.

Elle n'a pas de smartphone, donc quand la liste est trop longue ou trop compliquée

– elle a un peu de mal à écrire –, elle est obligée de se déplacer pour venir les copier elle-même. Comme elle est très gentille et tellement dévouée à son petit-fils qu'elle élève toute seule ou presque, les familles l'accueillent volontiers.

– Elle y va avec Basile ?

– Oui, et je suppose qu'il joue avec le copain en question pendant ce temps.

– Conséquence très intéressante pour lui du fait d'« oublier » de noter ses devoirs.

– Très juste. Ce qu'elle fait régulièrement aussi, c'est qu'elle vient à l'école, la plupart du temps vers neuf heures, pour apporter le cahier ou le goûter que Basile a oublié. Jusqu'à l'an dernier, elle débarquait carrément dans la classe, mais, depuis la rentrée, elle les laisse sur un banc de la cour près du portail. Il va chercher le sac dès qu'il arrive en récréation.

– Je ne serais pas étonnée que ce soit Basile lui-même qui ait suggéré ce changement de modalités pour éviter les moqueries de ses camarades. À partir du CM1, c'est franchement la honte d'avoir un adulte qui entre dans la classe parce qu'on a oublié ses affaires. Un sac dans la cour, c'est beaucoup plus discret. Cet enfant est aussi stratégique qu'il est léthargique, ce qui en effet est souvent le cas.

– Cela paraît en effet une explication assez probable parce qu'il tient quand même beaucoup à son image de « rebelle modéré ». Ensuite, d'après ce que j'ai compris de nos entretiens, elle passe bien deux heures chaque soir à s'occuper des devoirs de Basile qui se transforme, j'imagine, en poulpe géant. Mais elle dit que si jamais elle ne fait pas ça, il ne fait rien. Et nous pensons qu'elle a raison, il est tellement peu autonome, que si jamais elle n'était pas derrière lui, il aurait complètement décroché... Donc, lorsqu'elle nous l'a demandé, nous lui avons dit de continuer, mais de ne pas faire les devoirs à sa place et surtout les punitions. Je lui ai dit qu'on reconnaissait son écriture et que c'était à lui de les faire, sinon cela ne servait à rien.

– Qu'a-t-elle répondu ?

– Qu'elle avait peur qu'il ne les fasse pas et qu'il se fasse encore mal voir. Je lui ai dit que lorsque c'était elle qui les faisait, il se faisait mal voir parce que, pour nous, ça voulait dire qu'il était paresseux et assisté et qu'il finirait mal.

– Bravo, et qu'a-t-elle répondu ?

– Rien, mais je ne sais pas si cela a fonctionné parce que c'était il y a quinze jours et il n'a pas eu de punition écrite depuis, seulement celle de la sortie. Mais j'ai vu qu'elle était d'accord avec les conséquences et qu'elle ne l'avait pas vu auparavant sous cet angle.

– J'en suis presque certaine parce que tu t'es très intelligemment saisie d'une de ses peurs les pires : que Basile soit encore plus mal vu par les adultes de l'école. Ton recadrage l'a donc forcément mobilisée. Je ne pense pas qu'elle fera la prochaine punition écrite.

En revanche, il me semble qu'on a validé un peu vite l'hypothèse selon laquelle si on n'était pas derrière, Basile ne ferait rien. Parce que pour l'instant, on n'a jamais fait le test. Ou plutôt si, une fois, par inadvertance visiblement, une poésie n'a pas été apprise et là, c'est l'unique fois où il semble avoir été touché émotionnellement.

– Ce n'est pas par inadvertance, c'est que cette semaine-là, sa grand-mère avait été hospitalisée et je pense que le grand-père se moque pas mal, lui, des devoirs de son petit-fils, répond Lucie.

– Comme cette exception est intéressante ! Elle prouve quelque chose de majeur dans notre analyse du problème, c'est que Basile est encore sensible aux très mauvaises notes. Je dis encore, parce qu'évidemment, en troisième, c'est souvent moins le cas. C'est important parce que vous avez bien compris ici que la léthargie de notre jeune Basile ne génère absolument aucune conséquence négative dans son quotidien. Puisque sa grand-mère les assume toutes à sa place.

– Quand même, il est sanctionné. Par exemple, cette sortie au théâtre…

– Je ne parle pas de sanctions. Je parle de conséquences. La punition a, tout comme la récompense d'ailleurs, quelque chose d'artificiel, de créé, en dehors du contexte, et c'est donc souvent un carburant à rébellion. En plus, ici, les conséquences sont tellement positives qu'une petite sanction de temps en temps ne suffit pas à créer un réel inconfort chez lui. Pour le dire autrement, en l'état actuel des choses, il n'a aucune raison de changer. Si je devais synthétiser l'ensemble des tentatives de régulation de cette grand-mère, que vous avez partiellement encouragées, je dirais : « Tu dois t'impliquer à l'école, mais si tu ne le fais pas, je le ferai à ta place. » À votre avis, quel serait le mouvement à 180° ?

– « Tu ne dois pas t'impliquer à l'école ? En tout cas, je ne le ferai pas à ta place. »

– La deuxième partie est bonne, pas la première. Si on veut vraiment être à l'opposé, aussi bien sur le contenu que sur la structure du message, ce ne doit plus être une injonction, or le « Tu ne dois pas » reste une injonction.

– « Tu peux t'impliquer à l'école, ou pas ; en tout cas, je ne le ferai pas à ta place. »

– Exactement, bravo.

– Comment pourrait-on vendre un tel virage à cette grand-mère inquiète, à votre avis ? Cela ne va pas être facile.

– Comme Lucie l'a fait avec les punitions, répond une de ses collègues, en lui disant que si elle continue comme ça, il va se faire mal voir par tous les enseignants de l'école, et ensuite du collège, parce que ça va le rendre paresseux.

– Excellent. Et au bout du compte, que risque-t-il de se passer ?

– Eh bien qu'il ne réussisse pas ?

– Vous n'êtes pas exactement dans sa peur à elle.

– Qu’il devienne un voyou ?

– C’est ça. Je vais vous laisser travailler en sous-groupes afin de préparer l’annonce que devra faire Lucie à la grand-mère de Basile pour lui faire prendre ce fameux virage tout en douceur. Et aux trois choses que vous allez lui demander de faire pour le concrétiser.

Voici la synthèse des meilleurs éléments de chaque proposition, et je ne fus pas peu fière de mon groupe de supervision de pratique ce jour-là :

« Madame, j’ai bien réfléchi parce que je suis un peu inquiète pour votre petit-fils et je pense que nous ne faisons pas ce qu’il faut pour qu’il devienne un bon citoyen. Car un bon citoyen assume toujours les conséquences de ses actes. Et ce n’est pas ce que nous apprenons à Basile pour l’instant, puisque c’est surtout vous qui les assumez à sa place, en adorable grand-mère que vous êtes. À l’école, nous avons tous peur qu’en continuant comme ça on le transforme en voyou qui se moque de tout et qui attend que les autres fassent les choses à sa place. Vous l’avez déjà bien compris en ce qui concerne les punitions écrites, je crois. Nous allons donc vous demander de faire trois choses qui vont être très difficiles, mais qui lui feront le plus grand bien et l’amèneront sur le chemin de la responsabilité :

- Vous allez annoncer à Basile que vous êtes très fatiguée et que le médecin a dit qu'il fallait que vous fassiez moins de choses. Vous n'allez donc plus vous occuper de récupérer ses devoirs s'il oublie de les noter ; vous lui direz que de toute façon, lorsqu'il sera au collège, vous ne pourrez pas vous en occuper, il y a beaucoup trop de matières, donc autant s'y préparer tout de suite. Vous ajoutez que vous serez vraiment désolée s'il a un zéro, mais que ce n'est pas non plus la fin du monde.
- Nous allons également vous demander de le prévenir que vous avez peur que quelqu'un lui vole ses affaires quand vous les déposez dans la cour et que vous avez donc décidé de les lui apporter en classe, comme lorsqu'il était petit. Ce serait bien d'attendre vraiment que la classe ait commencé et de lui donner un petit surnom en lui donnant son sac la prochaine fois qu'il ne pense pas lui-même à les emporter.
- Enfin, pour le responsabiliser totalement, vous n'allez plus venir nous parler de lui tous les soirs à la sortie. Vous nous ferez juste un petit signe de la main et si nous l'estimons utile ou si vous en avez besoin, nous prendrons un rendez-vous en dehors de sa présence. »

Ainsi fut fait par la grand-mère qui annonça solennellement les deux premiers changements à Basile le lendemain. Ce dernier ne testa pas la volonté de sa grand-mère. Il savait bien que, dès qu'il s'agissait de son avenir, elle était inébranlable.

13.
Vous faites du racisme antidys[1]

On les appelle les décrocheurs.

Terme qui me semble inadéquat pour définir certains de ces gamins qui trébuchent et que rien ni personne ne parvient à remettre debout dans l'établissement où leurs premières chutes, leurs premières pannes ont lieu.

Ils seraient un peu plus de 120 000 en France. 52 % d'entre eux vont être exclus du marché de l'emploi.

Ces trébucheurs n'intéressent à vrai dire pas grand monde parce que leurs mères et leurs pères font rarement partie de ceux qui siègent aux conseils de classe ou envoient des mails indignés à tous les autres parents d'élèves. Leur voix porte assez peu.

Ils ont fait partie (anonymement) en revanche de certains plans gouvernementaux parce qu'il fut une période pas si lointaine qui associait volontiers la prévention du décrochage à celle

1. Ce cas a été préalablement publié dans une de mes tribunes dans le *Huffington Post* : « Ces décrocheurs qui ne feront pas leur rentrée », août 2016.

de la délinquance. Mais l'ombre sécuritaire qui prévalait alors ne donnait pas à ces enfants de véritables ressources pour s'en sortir ; le disciplinaire, qu'il sanctionne ces élèves ou leurs parents (par le retrait des allocations ou la distribution d'amendes en cas d'absentéisme) n'a en effet aucun impact sur le raccrochage, c'est un fait maintenant établi.

Car si l'on parle de trébuchement, il s'agit bien, dans la majorité des cas, d'une succession d'obstacles ratés, de petites sorties de route, de microdérapages, qui génèrent au bout du compte des renoncements de plus en plus marqués chez ces enfants, qui finissent par se dire, à treize ans, qu'ils n'ont pas d'avenir.

Des trébuchements aussi bien académiques que relationnels : on sait par exemple que le harcèlement entre pairs déclenche un certain nombre de décrochages en France.

Or ils peuvent être enrayés, et sont enrayés dans des structures telles que les microlycées ou les écoles de la deuxième chance par un certain nombre de comportements novateurs et d'une grande souplesse de la part des adultes, de tous les adultes.

Et partant, de l'élève.

Ces comportements sont parfois présents dans l'établissement où le premier trébuchement a lieu et permettent d'éviter le sentiment cuisant d'échec, l'impression d'être abandonné, la sensation d'être rejeté du système « normal », en prévenant le décrochage. Oscar, qui avait déjà trébuché de nombreuses fois, a eu la chance d'être dans un collège où des comportements de ce type ont pu trouver leur place.

La mère d'Oscar est très agitée lorsqu'elle s'assoit en face de moi la première fois :

– Mon fils est multidys et personne ne le prend en considération. C'est un handicap, mais cet établissement fait du racisme anti-handicapé. Comme les profs lui demandent de faire les devoirs comme aux autres, je lui ai dit qu'il pouvait ne pas les faire, tant pis. Je m'en fiche, ils ne le feront pas redoubler, ils n'ont plus le droit. Le problème, c'est qu'il n'a plus du tout envie d'aller en cours à cause d'eux. Il a déjà eu plus de douze journées d'absence depuis la rentrée, nous sommes en novembre. Et je reçois des mots, je leur réponds, j'ai au moins envoyé dix courriers, mais personne ne prend en compte les différences d'Oscar.

– Que vous répond l'équipe éducative quand vous tentez de la faire changer de comportement vis-à-vis de votre fils ? demandé-je à cette maman révoltée.

– Ils me disent qu'ils ne peuvent pas prendre en compte les spécificités de tout le monde, qu'Oscar ne fait aucun effort et qu'il va falloir songer à le changer d'orientation en troisième. Mais moi, je veux qu'il suive le cursus général jusqu'en terminale. Je suis sûre que si on s'adapte un peu plus à lui, il peut se mettre au travail. Je veux pas qu'il aille dans une voie de garage.

– Vous avez l'impression que la relation entre vous et eux est stagnante ou que c'est de pire en pire ?

– De pire en pire avec moi et surtout entre le collège et Oscar, j'ai même l'impression que c'est devenu leur bouc émissaire. Ils lui mettent des heures de colle au lieu de l'aider, je pense que je vais appeler le rectorat.

– Je comprends parfaitement votre détresse et il est clair qu'à votre place je ferai la même chose pour, d'une certaine manière, rétablir la justice, mais j'ai le sentiment que plus vous leur dites de changer leur façon de faire, moins ils le font et plus cela se retourne contre votre fils. Un peu comme si vous provoquiez finalement l'inverse de ce que vous souhaitez si ardemment : que votre fils soit pris en compte dans sa différence et qu'il soit donc accompagné pour réussir sa scolarité. J'ai la quasi-certitude que si vous écrivez au rectorat, ce sera encore pire, vous aurez toute l'institution contre vous.

– Oui, ils se protègent tous les uns les autres, c'est bien connu.

– Il va donc falloir, pour le bien d'Oscar, que nous procédions tout à fait différemment, sinon nous courons à la catastrophe que vous craignez tant. D'autant plus qu'il est infiniment déstabilisant pour un enfant de sentir que les deux entités qui s'occupent de sa scolarité sont en profond désaccord, c'est sans doute une des raisons qui font qu'il est en train de renoncer. Nous devons jouer avec eux ; si nous jouons contre eux, nous perdons. C'est ce qui est en train de se passer. Oscar va finir par décrocher complètement si on ne change pas la façon de faire.

– Enfin moi, je n'y suis pour rien… C'est eux qui ne veulent pas jouer avec Oscar et moi… Comment je devrais m'y prendre selon vous pour qu'ils changent ?

– En faisant l'inverse de ce que vous faites depuis la rentrée, ce qui ne va pas être simple, mais c'est, je le rappelle, pour le bien d'Oscar. Je vous préviens que ça ne va pas vous plaire, et vous avez toujours la possibilité de rester sur votre plan d'action de départ, même s'il n'est visiblement pas efficace. Je vous propose de prendre rendez-vous avec la professeure principale, la prof de maths, pour lui dire la chose suivante : « Je vous présente mes excuses, je pense que j'ai vraiment été la plus pénible de tous les parents d'élèves depuis la rentrée, c'est parce que je suis très angoissée pour Oscar. Je suis venue vous demander deux choses : 1) de bien vouloir présenter mes excuses à l'équipe enseignante pour mon comportement depuis la rentrée ; 2) de m'expliquer comment selon vous je dois m'y prendre pour les devoirs d'Oscar. Comment je peux vous aider à ce qu'il n'échoue pas ? Je me tiendrais scrupuleusement à ce que vous direz, vous savez bien mieux que moi comment ils fonctionnent à cet âge, moi, je suis perdue. » Si sa prof principale est très énervée, elle va dire : « Faites simplement en sorte qu'il se mette au travail le soir. » Alors vous direz oui et nous verrons comment faire. Si elle est un peu moins énervée, elle pourrait éventuellement vous donner des astuces, auquel cas nous verrons ensemble comment les mettre en place.

La maman d'Oscar est abasourdie.

– Mais je n'ai pas du tout envie de leur dire ça. C'est comme si c'était moi la coupable.

– Je comprends. Mais j'ai bien peur que nous ayons toutes les deux la preuve qu'essayer de les convaincre que ce sont eux les coupables ne rend pas service à Oscar. Je suis d'autant plus désolée que je ne peux absolument pas vous assurer que ce que je vais vous proposer fonctionnera, parce que je ne connais pas le degré d'énervement de sa prof principale.

– Et Oscar, vous allez le voir ?

– Oui, mais c'est pareil, je ne vous promets rien, je n'ai pas assez d'éléments sur la façon dont il perçoit la situation, et notamment si ce décrochage le fait souffrir ou s'il le voit comme une solution pour ne plus subir ce qu'il déteste. En fonction de ce qu'il me dira, je lui proposerai des pistes très différentes.

On modifie ici un des premiers comportements qui consiste souvent dans la problématique du décrochage à expliquer à l'autre acteur que c'est lui qui est fautif. Ce qui arrive dans les situations les plus problématiques, c'est que les parents parlent d'une institution totalement indifférente ; les enseignants, de parents complètement démissionnaires ; l'élève, d'adultes qui ne le soutiennent pas, et tout le monde se renvoie la balle dans une lutte stérile qui ne peut qu'accentuer encore plus le mécanisme de démobilisation. J'invite donc cette maman à stopper cette attitude contre-productive. Et je vais tenter de faire la même chose avec Oscar.

– Bonjour Oscar, tu as demandé à me voir ?

– Oui, parce que j'en ai marre du collège, je ne veux plus y aller, c'est nul, ça sert à rien.

– Et donc tu voudrais que je te donne envie d'y aller ?

– Ben, euh… oui.

– Alors, figure-toi que j'avais une baguette magique géniale qui me servait à ça, donner envie aux gens de faire quelque chose qu'ils détestent, mais ma collègue l'a cassée, car elle est très maladroite, donc je n'ai plus ce superpouvoir, je suis désolée. Mais dis-moi un peu ce qui est le plus nul au collège.

– Les profs et les autres.

– *Ex aequo* ?

– Non, le pire, c'est de loin les profs.
– Tous ?
– La prof de maths et le prof de SVT.
– Ah. Raconte un peu ce qu'ils font.
– Ils expliquent supervite, je comprends rien, et ils me virent sans arrêt de cours parce que je fais du bruit. Ça m'énerve parce qu'en CM2, les maths, j'avais des pas trop mauvaises notes.
– Tu te fais sortir de tous les cours ?
– J'essaie de plus trop y aller ; je vais à l'infirmerie ou je reste à la maison en disant que je suis malade. Mais quand j'y vais, je me fais virer. De toute façon, je m'en fous, je préfère aller en étude, donc je fais exprès de faire du bruit, c'est pour ça que je me fais virer.
– Mais ça te rend quand même supertriste, tout ça, sinon tu serais pas là, en face de moi, à réfléchir à comment faire pour mieux aimer l'école ?

Il s'essuie les yeux du revers de la manche le plus rapidement possible pour que je ne m'y attarde pas.

– Pas trop. C'est juste quand les autres se moquent de moi en me traitant d'handicapé… mais je préfère pas en parler.
– Je vois, c'est un peu l'horreur le collège, quoi. Est-ce que tu veux qu'on essaie un truc, mieux qu'une baguette magique pour essayer de

les transformer en profs un peu plus sympas ? Je suis pas sûre à 100 % que ça marche, mais juste pour rigoler, et voir le pouvoir que tu as sur eux, on pourrait essayer pendant quinze jours. En revanche, c'est un truc assez difficile, je suis pas sûre que tu vas avoir le courage de le faire.

– Vas-y.

– Pendant quinze jours, en maths et seulement en maths, hein, sinon ce serait trop, je vais te demander de lever la main une fois soit en milieu de cours, soit en fin de cours pour poser une question. Mais attention, il faut que ce soit une question adaptée au cours. Donc c'est superdur. Et puis tu notes, un peu comme un détective, la tête de la prof, ce qu'elle répond, comment tu te sens, pour pouvoir me faire un rapport dans quinze jours et voir si jamais tu as réussi à la faire changer.

– Si c'est que quinze jours, ça va. Mais je le ferai pas plus, hein, ça doit être superfatigant. Ça fait environ cinq questions par semaine, ton truc.

On modifie ici le comportement d'Oscar sur une petite séquence pour qu'il puisse faire l'expérience relationnelle de ce qui se passe quand il raccroche une heure. Si par bonheur, je parviens à obtenir le concours de la prof de maths, je sais pour l'avoir déjà expérimenté qu'il est possible que l'expérience porte ses fruits, dans un effet boule de neige qui est le rêve quotidien de tous les thérapeutes brefs et stratégiques.

Voici donc le courriel que je lui écris :

« *Madame,*

Je reçois ce jour le jeune Oscar qui me semble être très avancé sur la voie du décrochage et je me dis que s'il reste une chance sur mille pour que cela n'arrive pas, vous en détenez une partie essentielle.

Je sais à quel point Oscar est pénible pendant vos cours, il l'avoue lui-même, et j'ai parfaitement conscience du fait que vous ne pouvez évidemment pas gérer vos élèves à la carte, je comprendrais donc que vous me répondiez que vous avez renoncé et qu'il vaut mieux pour lui qu'il change d'environnement.

Mais si vous avez encore, comme moi, un microscopique espoir, je me permets de vous demander si vous pourriez, dans les quinze jours qui viennent, féliciter Oscar si jamais il le mérite. Évidemment pas s'il ne le mérite pas. Pour que nous puissions observer ce qui se passe et s'il reste ou pas, un espoir. »

Deux heures plus tard, cette remarquable enseignante me répondait :

« *Madame, je vais tenter l'expérience pendant quinze jours, je vous l'avoue, sans grande conviction, mais comme j'ai l'impression que la maman d'Oscar va enfin dans notre sens, je m'en voudrais de ne pas l'encourager.* »

Oscar a posé sa question à la fin du deuxième cours (il en avait noté une dans son cahier dès le premier, mais il n'a pas osé la poser par peur qu'elle soit idiote). L'enseignante a répondu : « Je suis contente que tu sois de nouveau parmi nous, Oscar. Et merci pour ta question, je suis sûre que plein d'autres se la posent. Qui peut répondre ? »

Oscar a rougi, bizarrement fier, sous les moqueries de ses camarades de classe, qui, pour la première fois de sa vie, le traitaient d'intello. L'effet boule de neige a alors pu s'enclencher.

Quelques semaines plus tard, l'enseignante a donné quelques exercices particuliers à Oscar puis a demandé à une fille de la classe de l'aider. Il a rapidement raccroché en maths. Pas en SVT. Mais il est finalement resté dans le même établissement en STMG, plutôt bien dans ses baskets.

C'est, de mon point de vue, cette enseignante, comme le font beaucoup d'autres au quotidien, qui l'a sauvé du décrochage et de ses conséquences psycho-sociales désastreuses.

14.

Clara se fait harceler

Extraits d'un entretien parent-enseignant-CPE commenté :

Pour cet entretien que nous avons préparé en supervision de pratique, la professeure principale de Clara s'est faite accompagner par la CPE ; les deux professionnelles subodoraient en effet que l'entrevue avec les parents de leur élève risquait d'être assez compliquée.

Clara est en situation de grande souffrance relationnelle avec ses pairs. Traitée d'intello et de victime, à la fois dans la cour et sur les réseaux, cette élève de 1re L qui se recroquevillait de plus en plus s'est confiée à l'infirmière scolaire un jour de grand désarroi.

Cette dernière a alerté la chef d'établissement et depuis deux mois, conformément au plan national de lutte contre le harcèlement, un certain nombre de mesures ont été prises, immédiatement après l'audition de Clara qui a tout d'abord refusé de donner des noms, puis a cité deux élèves de sa classe :

- La chef d'établissement a convoqué les meneuses et leur a expliqué la gravité de leurs comportements, aussi bien au niveau psychologique pour Clara que pénal pour elles-mêmes. Elles ont eu quatre heures de colle lors desquelles elles ont dû plancher sur la notion de vivre ensemble. La proviseure a précisé que si Clara devait à nouveau se plaindre, ce serait immédiatement un conseil de discipline avec exclusion à la clé. Elles ont fait un mea culpa et ont présenté leurs excuses à Clara dans le bureau de la proviseure. Le plus douloureux dans tout ça, c'est que Clara les a crues sincères. Tout comme les adultes présents.
- Les parents des deux collégiennes ont été convoqués également et ont été incités fortement à prendre des sanctions contre leurs filles pour les dissuader de recommencer. Ces derniers leur ont confisqué leurs portables pendant une semaine, ce qui, chacun en a convenu (en dehors des parents de Clara pour qui cette mesure sembla notoirement insuffisante), équivalait à une amputation ponctuelle d'un membre vital.
- L'infirmière et la psychologue scolaire ont rassemblé tous les élèves du lycée pour leur montrer un reportage sur le harcèlement, insister sur les risques et répondre à leurs questions.

Plus aucun fait de harcèlement n'a été remonté par sa fille, mais la mère de Clara est tombée en fouillant dans le portable de sa fille sur un SMS (anonyme, faut-il le préciser ?) qui la traitait de poucave et l'incitait au suicide.

Dix jours après les excuses.

Trois après la projection du film.

Les parents sont convaincus qu'il s'agit des deux mêmes collégiennes, mais l'infirmière, qui est la confidente de Clara, sait qu'il peut s'agir de bien d'autres personnes au sein du lycée tant le harcèlement était collectif. Elle a expliqué à la CPE que l'exclusion continue et que les insultes sont maintenant beaucoup plus discrètes, mais encore plus violentes dans leur contenu. Clara lui a fait promettre de ne pas en toucher mot aux parents jusqu'à ce que la maman tombe sur le SMS, et bombarde Clara de questions auxquelles la jeune fille refuse de répondre. Elle demande simplement à ce que plus aucun adulte ne s'en mêle.

Les parents sont reçus par l'établissement une semaine après la découverte du SMS.

Le père de Clara : « Ce qui se passe est inadmissible. Vous fermez les yeux. On est limite sur de la non-assistance à personne en danger, vous en êtes conscientes ? »	*Ici, les deux émotions légitimes des parents de Clara sont la colère et l'angoisse.* *Si vous ne les accueillez pas totalement, parce que vous vous sentez injustement agressés, l'escalade symétrique risque*

La mère de Clara : « Vous êtes au courant que c'est du pénal ? N'oubliez pas ce qui s'est passé dans le cas de Marion Fraisse[1], l'établissement a été condamné. »	*de se mettre en place. C'est malheureusement souvent ce qui se passe quand le climat est* a priori *tendu comme dans cette situation.*
La professeure principale : « Je ne sais comment vous dire à quel point toute l'équipe éducative est en colère contre ces lâches et cruels ados qui font tant de mal à Clara, qui est une élève que nous aimons beaucoup. La sentir aussi mal nous rend tous très tristes. »	*En accueillant leurs émotions, la professeure principale rejoint les parents.* *Astucieusement, elle n'ajoute pas un « Mais je ne peux vous laisser dire que nous fermons les yeux », qui serait de nature à relancer le combat.* *Il n'est pas rare qu'à ce moment précis, la colère s'abaisse pour laisser place à la tristesse et au sentiment d'impuissance. Accueillir également les larmes des parents est absolument indiqué dans ce genre de situations, en disant par exemple : « J'imagine à quel point c'est dur pour vous. »*

1. Le 13 février 2013, Marion Fraisse, 13 ans, en quatrième au collège Jean-Monnet de Briis-sous-Forge, dans l'Essonne, a mis fin à ses jours. Quatre ans après son suicide, la justice administrative a reconnu l'État comme étant partiellement responsable du drame. Le tribunal administratif de Versailles a considéré l'État responsable de n'avoir pas détecté ni empêché le harcèlement de l'adolescente par certains de ses camarades de classe. Il lui est également reproché de n'avoir pas entendu les multiples appels à l'aide lancés alors par sa mère auprès du personnel enseignant et de la direction du collège.

La CPE : « Nous comprenons aussi que vous ayez l'impression que nous n'avons pas fait les choses correctement : la preuve, le harcèlement continue sous une autre forme. Il est même encore plus vicieux, encore plus cruel. C'est bien que nous avons échoué à aider Clara à sortir de ce cercle vicieux. »	*Après les émotions, c'est la vision du problème que la CPE va rejoindre dans un deuxième temps, pour mettre en exergue le point sur lequel tous les adultes en charge de Clara sont d'accord : ce qui a été mis en place n'a pas fonctionné.* *C'est à partir de ce point de consensus que les avis peuvent être différents quant à la marche à suivre dorénavant.* *L'aveu d'impuissance que fait la CPE est également très intéressant en ce sens qu'il déculpabilise les parents qui ressentent la même impuissance.*
Le père de Clara : « Justement, qu'attendez-vous pour mettre en place des sanctions enfin efficaces ? » La mère de Clara : « Vous voyez bien que, pour l'instant, c'est trop mou. Elles s'en fichent des quatre heures de colle, de la conférence sur le harcèlement et des sanctions beaucoup trop complaisantes de leurs parents. Cela ne leur fait ni chaud ni froid. Ce qu'il faut, c'est les exclure définitivement. En plus, cela sera exemplaire pour ceux que le harcèlement tente encore. »	*Comme souvent, c'est précisément la tentative de régulation qui consiste à dire « Arrêtez de harceler Clara », qui ne fonctionne pas, que les parents veulent mettre en œuvre plus fortement. Ils ont la conviction que c'est parce qu'elle n'a pas été mise en place avec suffisamment d'intensité qu'elle a donné lieu à ce nouveau type de harcèlement* via *des SMS.* *Nous avons la conviction inverse : c'est précisément parce qu'il y a eu sanction que le harcèlement a perduré en devenant plus sophistiqué, moins facile à appréhender par les adultes, donc pire.* *Il va donc falloir inverser leur perception.*

La CPE : « C'est exactement ce dont nous voudrions parler avec vous aujourd'hui. J'ai évoqué en tout anonymat le cas de Clara avec d'autres CPE. Nous sommes tous d'accord pour dire qu'au vu de la façon dont cette situation évolue, si jamais nous décidions d'exclure les deux responsables du calvaire de votre fille, le risque serait immense qu'il y ait vengeance de la part des autres. Exactement comme ce qui est déjà en train de se passer, c'est-à-dire d'une façon telle que ce sera encore moins visible par les adultes et anonyme. Donc encore plus dangereux pour Clara. Visiblement, la sanction n'est pas une modalité efficace dans ce cas. »	*Ici, la CPE essaie de modifier la perception qu'ont les parents des conséquences d'une sanction exemplaire.* *Elle déplace en quelque sorte l'angoisse des parents sur ce qui est le plus risqué pour leur fille : jusque-là, ils pensaient que c'était le fait que les sanctions n'avaient pas été assez répulsives. Avec ce recadrage, c'est la sanction ultime elle-même qui devient dangereuse pour leur fille.* *Sans le dire, elle souligne par ailleurs à quel point la souffrance de Clara la mobilise puisqu'elle en a parlé à ses pairs.*
La professeure principale : « Ce que je me dis aussi, c'est que notre devoir à tous, c'est d'apprendre à Clara à se faire respecter. Maintenant. Et pour la suite : vous savez comme moi que l'entreprise n'est pas toujours un univers très sympathique. Si nous ne l'aidons pas tous ensemble à acquérir cette compétence	*Astucieusement, la professeure principale laisse entendre que les parents ont un rôle à jouer dans le fait que leur fille puisse être outillée efficacement avec le terme « job d'éducateur » qui englobe tout le monde.*

fondamentale, nous n'aurons pas fait notre job d'éducateur. Clara restera vulnérable. Même si les deux meneuses sont exclues. »	*Et que s'ils refusent de l'y aider, cela peut être dommageable pour elle à long terme, en plus du risque à court terme qu'a présenté la CPE juste avant.*
La CPE : « Mais évidemment, vous avez le choix, en tant que parents. Nous voulons juste que vous preniez votre décision en toute connaissance de cause : 1. Soit on persévère dans la voie disciplinaire, il y a fort à parier que la réputation de Clara après cela sera encore détériorée du point de vue des élèves non exclus, et qu'ils lui feront payer. La situation risque d'être pire et elle n'aura fait aucun apprentissage en dehors de celui qu'il ne sert à rien de se confier aux adultes quand on a un problème de ce type. Mais il est possible que cela calme tout le monde, comme vous l'espérez. Simplement, nous ne pouvons pas le garantir et vous connaissez maintenant notre scepticisme quant à ce résultat. 2. Soit on réfléchit avec elle, en s'entourant de professionnels qualifiés, à la façon dont elle pourrait s'y prendre pour répondre à ses harceleuses	*De façon très responsabilisante, la CPE place les parents devant une alternative dont elle souligne qu'aucune des deux branches n'est magique.* *Chacune comporte des risques.* *C'est à eux de voir celle qui leur semble la moins risquée à emprunter pour leur fille.* *À partir de là, dès qu'il va y avoir résistance de la part des parents, leurs deux interlocutrices vont les remettre face au choix qui est le leur et celui de leur fille pour qu'ils décident en connaissance de cause.* *Quelle que soit la branche qu'ils vont choisir, ils savent qu'elle ne sera pas exempte de risques, d'inconvénients, de renoncements.* *Ils ont d'une certaine manière assoupli la perception qu'ils avaient du problème et de ce qui l'alimentait.*

d'une façon tellement inattendue et puissante qu'elles tombent brutalement de leur piédestal et se retrouvent angoissées pour leur propre popularité à continuer à la maltraiter ainsi. Avec le risque, évidemment, que cela ne fonctionne pas. Mais au moins on lui aura fait confiance pour avoir un impact relationnel sur la situation. Ce qui est très dur, c'est qu'on renonce à ce que ce soient les adultes qui rétablissent la justice. Et je comprends que, pour un parent, ce soit extrêmement difficile. »	
Le père de Clara : « C'est quand même invraisemblable que ce soit en plus à Clara de mettre en place des choses pour que la situation change ! C'est la double peine ! » La mère de Clara : « Mais, en même temps, tu sais bien qu'elle nous a suppliés de ne pas demander un conseil de discipline, elle aussi a peur que ce soit pire après. »	*Il va être impératif ici encore d'accueillir le sentiment d'injustice éprouvé par le père de Clara pour maintenir le début d'une alliance relationnelle.* *On voit que l'avis de Clara va forcément avoir un impact sur celui des parents dorénavant et qu'un débat va pouvoir avoir lieu en famille.*

La CPE : « Je suis d'accord avec vous, Monsieur, c'est profondément injuste et en plus aucune des deux voies n'est satisfaisante à 100 %. Nous vous laissons y réfléchir avec Clara et revenir vers nous. Et nous mettrons en place ce qui *vous* semble le moins risqué pour elle. »	*Face à l'énervement de ce papa quant à l'injustice de la situation, aucune atténuation, aucune escalade, pas de tentative supplémentaire pour les convaincre d'emprunter la deuxième voie, les parents se sont sentis rejoints, écoutés et c'est à eux qu'appartient au final la décision.* *La CPE et la professeure principale ont mis toutes leurs compétences au service d'un recadrage élargissant de la perception qu'avaient au préalable les parents de Clara, pour qu'ils puissent y réfléchir en ayant tous les éléments en main.*

Clara et ses parents ont choisi la voie de l'outillage de cette dernière, mais le papa a prévenu : « Si jamais je vois que ma fille ne va pas mieux d'ici à quelques semaines, c'est à la police que je vais confier le dossier. »

Le groupe de supervision a travaillé dur pour trouver une parade percutante *via* SMS.

QUATRIÈME PARTIE

En pratique : les bonnes questions à se poser

Évidemment, vous n'êtes pas des thérapeutes et n'avez ni le temps, ni l'ensemble des outils pour mener des entretiens thérapeutiques en plus de votre métier avec les parents et les élèves.

Et comme le raconte très bien la légende du baron de Münchhausen, il est impossible de se tirer soi-même par les cheveux pour sortir d'un étang (100 % de ceux qui ont essayé sont morts noyés). Il vous sera donc très difficile de vous poser vous-mêmes les bonnes questions lorsque vous vous trouverez dans une situation relationnelle problématique.

Mais il existe au sein de tous les établissements, de nombreux membres des équipes éducatives qui sont prêts à travailler ensemble, à mettre leurs essais, réussites et échecs en commun pour aider et être aidés quand la souffrance et l'impuissance sont trop vives face aux classes, aux élèves, aux parents.

Si vous parvenez à mobiliser deux à trois heures par mois une équipe pluridisciplinaire (enseignants, CPE, assistants d'éducation, infirmière, psy scolaire, médecin scolaire), voici une trame des bonnes questions à se poser tous ensemble pour essayer de résoudre les problèmes de certains, et parfois de tous.

La bienveillance et la confidentialité sont évidemment indispensables à la réussite de ces réunions de travail.

Qui souffre ?

Une des prémisses fondamentales de l'École de Palo Alto est que, plus que toute autre, c'est la personne qui souffre de la situation qui est celle prête à mettre en œuvre des choses difficiles pour la faire évoluer.

Ce qui signifie qu'à chaque fois qu'un problème nous est présenté, nous nous posons cette question fondamentale. Parce que nous voulons travailler avec la bonne personne, celle qui aura envie et besoin de faire bouger les choses.

C'est une question qu'en tant qu'enseignants vous ne vous posez pas toujours systématiquement. Conséquemment, vous vous épuisez à tenter de faire changer des gens qui ne souffrent pas assez pour le faire : parce que, finalement, vous êtes assez souvent celui ou celle qui précisément souffre le plus du problème.

En prendre conscience est très important, cela signifie que :

- Dans un certain nombre de cas, vous êtes celui qui va devoir faire le 180°.
  Dans d'autres, vous devez faire en sorte que l'inconfort soit plus équitablement partagé entre vous et les autres.
- Et dans ceux qui restent, le fait même d'opérer votre virage à 180° créera l'inconfort nécessaire au mouvement chez les autres.

Dans le cas de Justine, enseignante en Segpa, c'est elle qui souffrait de l'ambiance de sa classe. Elle a donc opéré son propre virage à 180°, tout comme Laurence qui tentait vainement de s'adapter à chacun des diagnostics posés sur ses élèves, ou Clément qui voulait absolument que les chahuts cessent. Dans le cas de Jacqueline et de Yared, la souffrance était clairement du côté de la professeure des écoles, et son propre virage a généré un peu d'inconfort chez Yared.

En revanche, la situation qu'apporte Violette montre une souffrance du côté de Lise et de ses parents. C'est donc à la petite fille et à ces derniers que va être proposée une stratégie à 180°.

Pour ce qui concerne Alysée (et la peur de l'oral), Justin (avec Jean-Paul le hamster) et Fathia (qui apprenait tout par cœur), enseignants et élèves semblaient souffrir tout autant de la situation. Un double virage a donc logiquement été opéré.

Le cas de Dylan et l'accueil des CM2 est très particulier parce que personne ne semble souffrir horriblement de la situation, si ce n'est l'institution qui ne remplit pas sa mission vis-à-vis du jeune collégien. Ce sont évidemment les situations les plus complexes précisément parce qu'il est difficile de mobiliser des gens qui ne souffrent pas.

Il est donc indispensable que vous vous posiez rigoureusement cette question avant toute autre.

Ensuite, pour ne pas vous mettre à tenter de résoudre un problème pour lequel personne ne vous a rien demandé, la question « Qu'attendez-vous de moi ? » est essentielle. Parce qu'en effet, comme je le suggère à Justine et à ses classes de Segpa, certaines personnes, même en très grande souffrance, viennent chercher une écoute non jugeante, pas forcément des solutions.

Si, à cette dernière question, le collègue, le parent, l'élève qui est en face de vous répond qu'il veut vraiment que la situation change et qu'il est prêt à se mobiliser pour ça, voici la façon dont vous pourrez concrétiser ses attentes.

Qu'est-ce qui fera dire concrètement à la personne qui souffre que son problème est résolu ?

Cette question est importante également parce que c'est souvent l'absence d'objectifs à la fois atteignables et mesurables qui peut faire échouer toute tentative de résolution de problèmes relationnels.

Et, je vous le rappelle :

- Ma classe doit être absolument silencieuse ;
- Tous les élèves doivent me respecter ;
- Je dois absolument finir le programme ;
- Je dois être apprécié(e) par tous mes élèves ;
- Ça doit bien se passer avec les parents d'élèves,

sont des objectifs inatteignables, et donc déprimants.

Elle doit, selon moi, être posée systématiquement, pour pouvoir par la suite évaluer l'efficacité de ce que vous aurez mis en place et éviter les attentes illusoires.

Ainsi, avec Justine, lorsque je lui demande combien d'élèves elle pense être capable de mobiliser après lui avoir demandé combien en mobiliserait un expert international en pédagogie. Si je n'avais pas posé la question de cette façon, elle serait restée sur l'objectif d'avoir une classe quasi entière intéressée. Et aurait eu toutes les chances d'échouer, immédiatement découragée par l'ampleur de la tâche. Alors qu'en prenant la remobilisation de quatre élèves comme objectif, elle rend son problème accessible à une solution. Et obtient finalement beaucoup plus.

Dans le cas d'Oscar, je souligne le fait que vouloir aimer ce qu'on déteste (le collège) est un objectif illusoire. Et je lui demande si ça l'intéresse d'essayer d'avoir un impact sur ses enseignants, ce qui est évidemment plus atteignable.

Dans celui de Jacqueline, j'insiste sur le fait que notre objectif n'est pas que Yared se calme (cette intention faisant partie de ce qui alimente magnifiquement le problème), mais plutôt qu'il arrête de faire le pitre **pour** énerver son institutrice.

Lorsque c'est vous qui souffrez, posez-vous concrètement cette question : qu'est-ce qui me fera dire concrètement que mon problème est résolu, jusqu'à ce que vous ayez une réponse pragmatique.

Quelle est la vision du monde de la personne qui souffre ?

La vision constructiviste de l'École de Palo Alto part du principe qu'il n'y a pas de réalité. Ou plus précisément que chacun élabore la sienne en fonction de sa propre expérience, des apprentissages qu'elle lui a fait faire et des croyances qui en découlent.

Contrairement aux intervenants d'un certain nombre d'autres écoles de pensée, les thérapeutes brefs et stratégiques ne pensent pas savoir mieux que les personnes qu'ils accompagnent ce qu'est la réalité ni quelles sont les bonnes croyances à adopter. Ils n'ont également aucune définition de la folie, ni, en parallèle, de ce que signifie être sain d'esprit.

Pour eux, une des façons d'échouer à résoudre un problème est de ne pas respecter infiniment la vision du monde de la personne qui en souffre. C'est ce qui me fait rater magistralement la thérapie avec François pour qui la vision du monde était : « Le plus important dans une relation pédagogique, c'est d'être juste. » En la heurtant de façon aussi frontale avec ma tâche qui était pourtant à 180° de ses tentatives de régulation et donc juste sur un plan stratégique, je perds complètement l'alliance relationnelle : il ne me fait plus confiance.

Dans le cas de Clara qui se fait harceler au lycée, la vision du monde des parents, c'est que ce sont les bourreaux de leur fille qui doivent être sanctionnés. Elle est parfaitement prise en compte par la CPE et la professeure principale lorsqu'elles proposent d'outiller Clara pour faire « brutalement tomber ces dernières de leur piédestal ».

La vision du monde de la personne que vous voulez aider à résoudre son problème transparaît souvent dans les réponses qu'elle vous fait : François cite plusieurs fois le mot « justice » en indiquant que c'est une valeur cardinale et je ne le prends pourtant pas en compte ; Violette qui veut aider la petite Lise de maternelle à ne plus se faire embêter emploie plusieurs fois le mot non-violence comme projet pédagogique, c'est pourquoi je ne propose rien de plus puissant qu'une grimace et un cri ; la mère d'Oscar est convaincue que toute l'équipe éducative du collège lui en veut et que tout le monde se protège dans ce système, je ne la reprends pas sur ce thème, ce qui serait contre-productif.

Quelle est l'émotion que vous allez pouvoir mobiliser ?

Nous l'avons vu, le territoire sur lequel vous intervenez fait naître des émotions aussi diverses qu'intenses.

Entre celles qui vous sont propres, que vous tentez fréquemment de vainement nier, celles des parents d'élèves qui ressemblent souvent à des arcs-en-ciel allant de la colère à la tristesse, en passant par la culpabilité et l'angoisse, et celles non négligeables dans leur intensité et expression de certains de vos élèves, c'est souvent leur gestion inefficace qui crée et alimente le problème.

Car nous ne pouvons nier ou contrôler les émotions, sinon elles explosent dans de magnifiques feux d'artifice chez les parents et les élèves ou dans de splendides burn-out en ce qui vous concerne.

L'idée est donc soit de les apprivoiser pour qu'elles diminuent en intensité, soit de s'en saisir pour modifier les perceptions qu'ont les personnes en souffrance.

C'est ce qui est fait à deux niveaux lors de l'entretien mené brillamment par la CPE et la professeure principale avec les parents de Clara qui se faisait harceler :

- La colère de ces derniers est parfaitement accueillie sans aucune atténuation, elle est même partagée, ce qui donne lieu à son dégonflement, alors que si elle avait été niée ou atténuée par les interlocutrices des parents, elle aurait vraisemblablement explosé et ces derniers auraient perdu toute confiance dans leur capacité à aider leur fille.
- Leur angoisse, légitime, que la souffrance de leur fille ne cesse pas, est déplacée d'une façon très astucieuse par les deux professionnelles sur le fait d'intensifier le processus disciplinaire. À l'issue du recadrage, leur peur est toujours présente, mais elle n'alimente plus leurs tentatives de régulation qui consiste à exiger plus de sévérité vis-à-vis des harceleuses : ils voient les choses sous un autre angle puisqu'ils en arrivent à ressentir que ce qui précisément les rassurait (l'exclusion des bourreaux) est ce qui devrait leur faire peur puisqu'il y a risque de représailles, et donc d'accentuation de la souffrance de leur fille.

Dans le cas de Justine, enseignante en Segpa, le sentiment qui prédomine est celui d'autodépréciation et d'impuissance. Ce qui alimente le cercle vicieux dans lequel elle est prise, c'est qu'elle refuse de ressentir et d'exprimer cet aveu d'impuissance, de peur de perdre le très peu de légitimité qui lui reste. C'est en l'amenant à réfléchir au fait que l'expression de cet aveu d'impuissance à ses élèves renforcera au contraire sa légitimité vis-à-vis de la classe que je l'aide à sortir du labyrinthe. Elle accueille donc son émotion et l'exprime, là où, auparavant, elle tentait de la dissimuler.

Pour Laurence qui voulait s'adapter à tous et à chacun, c'est cette capacité énorme qu'elle a de s'autoexhorter à aller bien, alors même qu'elle se sent infiniment triste et victime d'injustice, ce qui la paralyse au sol puisque son cerveau et son corps se livrent une lutte sans merci qui l'épuise. Le fait de les accueillir de façon quotidienne lui permet de se remettre doucement en mouvement.

Quelles sont les tentatives de régulation en œuvre pour l'instant ?

Il s'agit ici strictement de demander à la personne qui a le problème d'établir un recueil. Qui doit répondre impérativement à trois critères :

- Le plus concret possible. Ce qui signifie qu'il ne doit pas faire appel à l'analyse ou à l'interprétation, mais bien aux souvenirs. Exactement comme nous demandons à Brigitte de le faire faire à Fathia au moment des devoirs à la maison et au moment de ceux sur table. Comme si nous étions une caméra sur son épaule.

Ce qui vous intéresse dans le cas d'une résolution de problèmes, c'est ce que font les gens, pas pourquoi ils le font. Attention cependant de ne pas vous transformer en commissaire de police ; pour éviter cela, vous pouvez sans problème métacommuniquer en disant à votre interlocuteur que vous êtes désolé de lui poser toutes ces questions, mais que, pour pouvoir l'aider au mieux, vous devez comprendre exactement la façon dont il s'y prend.

- Le plus actuel possible pour être sûr de bien lister les tentatives infructueuses qui ont lieu maintenant, et pas celles qui ont été mises en place il y a longtemps, sinon le virage à 180° risque de ne pas se faire sur les bonnes bases.
- Le plus exhaustif possible parce que c'est bien l'ensemble de toutes les tentatives inopérantes qui vont donner le mouvement global du 180° et parce que certaines sont des exceptions qui peuvent nous mettre sur la voie de ce fameux virage : comme ce que

nous rapporte l'enseignant d'EPS à propos du chronométrage de Dylan ou comme la seule fois où Basile a eu un zéro en récitation parce que sa grand-mère était hospitalisée.

Les recueils que nous rapportent Violette pour la petite Lise, Jacqueline pour Yared, et encore plus précisément François pour son système de punitions constructif sont des exemples de ce que votre questionnement doit vous permette d'obtenir.

Quel est le sens du virage à 180 degrés ?

Richard Fisch, l'un des cliniciens géniaux de l'École de Palo Alto, déclarait souvent qu'une thérapie brève efficace stoppe bien plus les solutions tentées qui maintiennent le problème que les problèmes eux-mêmes.

Autrement dit, c'est l'alimentation du problème que vous allez contribuer à stopper.

Et comme il est toujours difficile de cesser de faire quelque chose qui nous paraît logique, vous allez devoir proposer à la personne de faire une chose qui participera à l'ensemble des choses qui iront à l'envers de cette fameuse logique.

Pour ce faire, je vous convie ici à un exercice linguistique : quelle est l'injonction globale exactement opposée à celle à laquelle vous obéissez sans succès avec infiniment de persévérance ?

- Pour Justine : « Je dois motiver l'ensemble de ma classe à apprendre » devient « Chaque élève est responsable de son envie d'apprendre ».
- Pour Lou : « Je dois me faire accepter en tant qu'intellectuellement précoce » devient « J'ai d'autres caractéristiques intéressantes que ma précocité ».
- Pour Jacqueline : « Yared doit m'obéir » devient « Que Yared m'obéisse ou pas n'est pas un problème pour moi ».
- Pour Clément : « Vous devez me respecter » devient « Votre irrespect pourrait bien m'être très utile ».
- Pour François : « Je dois absolument être juste » devient « Un peu d'injustice me permettra d'être juste avec le plus grand nombre ».
- Pour Violette : « Je dois protéger Lise de l'hostilité des autres » devient « Comment outiller Lise pour qu'elle puisse se défendre ? ».

Vous entraîner à trouver la réponse pour les autres cas présentés est un exercice très salutaire.

Quelle est l'action la mieux adaptée à la vision du monde de la personne qui souffre, à ses ressources ?

Ce que vous allez proposer ensuite pour illustrer concrètement le virage à 180° doit être de l'ordre du sur-mesure. Si c'est trop douloureux, trop difficile à mettre en œuvre, même une personne qui veut que ça change ne le fera pas.

C'est la raison pour laquelle je réduis la durée de la tâche de Jacqueline avec Yared à une semaine. Quinze jours nous auraient permis de faire plus d'expériences émotionnelles de part et d'autre, mais il nous semble à toutes les deux qu'une pause au bout d'une semaine est indispensable pour qu'elle puisse reprendre des forces au sein de mon cabinet afin de ne pas replonger dans ses anciennes tentatives de régulation.

De même pour Oscar, le fait de poser deux questions par cours est circonscrite aux maths, sinon la tâche lui aurait semblé insurmontable.

Quand Benjamin propose à Alysée d'en parler à ses copines avant d'interpeller les harceleurs à l'oral, cela rend la tâche à la fois encore plus puissante et plus motivante pour elle.

L'excellente trouvaille de Jean-Paul pour aider Justin à faire son 180° est un des éléments les plus moteurs du changement.

C'est donc un élément tout à fait crucial à l'efficacité du changement que la proposition d'un nouveau comportement soit absolument adaptée à votre interlocuteur.

CONCLUSION

Chloé a 22 ans. Elle a rendez-vous ce matin avec l'équipe pédagogique de l'ESPE.

Son stage s'est mal passé avec la classe de CM1 dont elle avait la charge pour son immersion dans la vraie vie d'enseignante et elle sait que sa titularisation pourrait ne pas se faire à cause de ça.

Même si Chloé se raccroche au fait qu'elle a une des meilleures moyennes de sa promo, plusieurs choses l'inquiètent :

• Elle voit bien que le directeur de l'école ne la regarde plus dans les yeux quand il lui parle, comme s'il se sentait coupable d'avoir remonté des faits négatifs à son propos ; alors elle évite de se retrouver à proximité et change de trajectoire dès qu'elle l'aperçoit.

• Son binôme, Judith, avec laquelle ça se passait pourtant bien au début est beaucoup plus distante et la regarde d'un air compatissant qui lui fait mal au ventre, dès qu'elle croise son regard ; alors Chloé arrive le plus tard possible à l'école et en part le plus tôt possible pour ne pas avoir à supporter ce qu'elle considère comme de la pitié méprisante.

• Elle sent au portail l'animosité de certains parents de ses élèves depuis quelques jours même si rien n'est dit en sa présence ; alors elle baisse les yeux et évite tout contact visuel pendant le temps de récupération de ses élèves.

• Et surtout, surtout, elle a l'impression que sa classe est de plus en plus bruyante, agressive, voire violente et elle ne comprend pas ce qu'elle a raté pour en arriver là. Alors elle prend son courage à deux mains tous les matins parce qu'elle sait qu'elle va continuer à crier toute la journée pour préserver le peu d'ordre qui reste dans sa classe.

Malgré toutes ces différentes tentatives pour se protéger, elle a l'impression que la situation empire, comme si elle était prise dans une sorte de tornade infernale sur laquelle elle n'a aucune prise. Comme si à son sentiment d'impuissance s'ajoutait la blessure d'une hostilité collective à son endroit.

Pour la classe, elle a pourtant l'impression d'avoir tout essayé. Elle a fait des sous-groupes, lu des histoires, créé un moment musical, expliqué calmement qu'on ne pouvait pas apprendre dans le brouhaha, crié, puni, supplié, envoyé chez le directeur.

Elle en a parlé à ses camarades qui sont désolés pour elle, mais ne savent pas quoi lui conseiller ; c'est vrai que Chloé n'a pas ménagé ses efforts pour tenter de ramener le calme dans sa classe. Que pourrait-elle faire de plus ?

Son père, enseignant dans un établissement professionnel, lui dit qu'elle doit se faire respecter.

« Sinon, dit-il, ils vont te bouffer toute crue, ma chérie. »

Une de ses conseillères pédagogiques à qui elle a demandé de l'aide lui a dit gentiment que cela venait sans doute de sa posture. Elle a acquiescé, comme si elle comprenait, mais, depuis, elle réfléchit intensément à ce terme mystérieux, sans avoir la moindre idée de ce qu'il signifie concrètement face aux 23 paires d'yeux hostiles qui la fixent chaque matin et qui lui font tout aussi peur qu'ils la mettent dans une colère brûlante.

Son copain (qui n'est pas enseignant) a pris l'air un peu surpris lorsqu'elle lui a parlé de son calvaire au bout de quelques semaines (car honteuse du premier échec scolaire de sa vie, elle n'en a parlé à personne au début, jusqu'à ce que ses insomnies et sa perte de poids la trahissent) : « Mais… je veux dire, ce sont des gamins de 9 ans, c'est ça ? C'est bizarre qu'ils te fassent peur, ça devrait être l'inverse, non ? »

Chloé s'est donc dit qu'ils avaient tous raison : elle ne sait pas se faire respecter, elle n'a pas la bonne posture, elle manque d'autorité.

Bref, elle est nulle. Et terriblement décevante.

En regardant la porte devant elle, qui va s'ouvrir dans quelques minutes, elle se demande si ce n'est pas elle, finalement, qui va leur annoncer qu'elle a décidé d'abandonner ce métier. Qu'elle n'est pas faite pour lui, qu'il n'est pas fait pour elle, que ce n'est pas comme ça qu'elle avait imaginé sa vie professionnelle. Qu'elle a pêché par naïveté, par optimisme béat.

« Tout ça pour ça », se dit-elle en pensant aux week-ends passés à réviser, au stress des épreuves, aux heures de préparation des cours pendant lesquelles elle était si pleine d'espoir, voire d'impatience de rencontrer ses élèves. Et les larmes lui montent aux yeux. Tout ça pour ça.

C'est pour toutes les Chloé de l'Éducation nationale que j'ai écrit ce livre.

Pour que vous puissiez appréhender ces situations submergeantes autrement qu'en cherchant la cause de cette détresse dans des défaillances qui vous seraient uniquement imputables.

Parce que dans ces situations problématiques, la solution est interactionnelle, pas propre à ce que vous êtes.

Et parce que souvent, même si vous avez l'impression d'avoir tout essayé pour modifier ces fameuses interactions qui font souffrir, vous l'avez toujours fait dans le même sens, en toute bonne foi, mais en renforçant ainsi, sans le vouloir, leur caractère problématique.

Prendre un virage à 180° demande toujours beaucoup de courage. Et des ressources supports à la fois bienveillantes et formées au sein de l'institution quand la tornade est trop forte.

C'est pour que des professionnels puissent remplir ces missions dans toutes les académies que mon équipe et moi-même nous battons tous les jours.

PETIT GLOSSAIRE DES ABRÉVIATIONS

AVS : Auxiliaire de vie scolaire.

BCD : Bibliothèque centre documentaire.

CPE : Conseiller principal d'éducation.

EIP : Élève intellectuellement précoce.

ESPE : École supérieure du professorat et de l'enseignement.

IEN : Inspecteur de l'Éducation nationale.

PAP : Plan d'accompagnement personnalisé.

PPS : Projet personnalisé de scolarisation.

Segpa : Sections d'enseignement général et professionnel adapté.

STMG : Sciences et technologies du management et de la gestion.

TCC : Troubles du comportement et de la conduite.

TDA/H : Troubles de l'attention avec ou sans hyperactivité.

TED : Troubles envahissants du développement.

TPE : Travaux personnels encadrés.

TSA : Troubles du spectre de l'autisme.

REMERCIEMENTS

Merci à ma chère maison d'édition, lieu de belles rencontres tellement chaleureuses, drôles et intelligentes, à l'image de sa directrice, Hélène Fiamma. Merci à mon éditrice, Gaëlle Fontaine, grâce à laquelle je glousse autant que je travaille, c'est-à-dire beaucoup. Merci à Emmanuelle Roederer, ma très chère attachée de presse.

Merci à Sandrine, Chloé, Marie, Alessandro et Aurélie pour leur très importante relecture et leur amitié qui me porte.

Merci à Monsieur le Prof, dont la drôlerie égale la gentillesse et qui a accepté de lire le manuscrit d'une inconnue.

Merci à mon équipe sans qui rien, jamais, n'aurait été possible. Aline, Amanda, Amélie, Béa, Cécile, Céline, Magalie, Murie, Olinde et bien sûr, Croustibat.

Merci à tous mes étudiants, jeunes et moins jeunes, qui me font progresser tous les jours.

Merci à mon amour, qui supporte avec grâce tous les états plus ou moins glorieux dans lesquels écrire me met chaque fois.

TABLE

DEUXIÈME PARTIE

HISTOIRES D'ÉLÈVES

TROISIÈME PARTIE
CHERS PARENTS

QUATRIÈME PARTIE
EN PRATIQUE :
LES BONNES QUESTIONS À SE POSER

Composition et mise en pages : FACOMPO, LISIEUX

IMPRIM'VERT®

Achevé d'imprimer
en décembre 2017
par Corlet imprimeur
14110 Condé-sur-Noireau

Dépôt légal : janvier 2018
N° d'imprimeur : 194041
Imprimé en France